Hermann Bahr

Renaissance neue Studien zur Kritik der Moderne

Hermann Bahr
Renaissance neue Studien zur Kritik der Moderne
ISBN/EAN: 9783742869593
Hergestellt in Europa, USA, Kanada, Australien, Japan
Cover: Foto ©ninafisch / pixelio.de

Manufactured and distributed by brebook publishing software (www.brebook.com)

Hermann Bahr

Renaissance neue Studien zur Kritik der Moderne

Renaissance.

Neue Studien

zur

Kritik der Moderne

von

Hermann Bahr.

Berlin.
S. Fischer, Verlag.
1897.

An

Leopold Andrian
und
Hugo von Hofmannsthal.

Euere theueren Namen, lieber Hugo, lieber Poldi, setze ich auf dieses Buch, um Euch zu danken. Ihr seid ja mit mir gegangen, da ist uns der Weg leicht geworden. Wenn wir jetzt oben sind und ausschauen können, dürfen wir uns wohl freuen und wir wollen uns die Hände drücken!

Erinnern Sie sich noch, Hugo, wie wir damals, es ist fünf Jahre her, gern im Volksgarten gingen? Es war im Mai, der schwere Flieder roch, es schimmerte das Gitter, kleine Melodieen sprangen durch die linde Luft, Kinder spielten Reifen und mit ernsten Gesichtern — o wie ernst waren wir damals! — haben wir thörichte Gedanken gehegt. Heute lachen wir sie aus, aber es ist doch gut gewesen: wir haben alle Thorheiten der Zeit an unserem Leibe mitgemacht, nun meine ich, daß wir hoffentlich geimpft sind. Und erinnern Sie sich, Hugo, wie wir im selben Hause wohnten? Dieser edlen Zeit verdanke ich das Beste, das mir mein Leben gegeben hat. Dann ist noch der Poldi zu uns gekommen; was wir der Macht seines dunklen und zornigen Wesens schulden, soll unvergessen bleiben. Ich habe lange eine kleine Tafel unserer Freundschaft setzen wollen: nehmt nun dieses Buch hin!

Ihr habt die Sachen, die hier stehen, alle schon in der „Zeit" gelesen. Diese Wochenschrift habe ich ja begründet, damit doch die Fragen der Cultur auch in unserem armen Lande einen Anwalt haben. Getreu schreibe ich da jede Woche auf, was die Suchenden finden; so nähern wir uns der großen Kunst. Ihr wißt, daß es gewirkt hat; es ist nicht umsonst gewesen. Von allen Seiten sind auf meinen Ruf viele Leute gekommen und wir dürfen glauben, daß aus unserem stillen Kreise mancher Gedanke in die große Welt gedrungen ist. Ich wünsche, es möchte diesem Buch beschieden sein, im Ganzen so zu walten, wie seine Theile gewaltet haben; dann ist es würdig, lieber Hugo, lieber Poldi, Euere geliebten Namen zu tragen.

Aber wichtiger ist mir, daß es Euch durch seine Gesinnung und den guten Willen, den es hat, ein bißchen Freude machen soll und Euch an unsere Stunden erinnert!

Wien, im November 1896.

Hermann Bahr.

Décadence.

I.

Der Pariser schwärmt für Conferencen. Diese zierliche, kokette und unversehens doch, ohne es sich merken zu lassen, bis an das Wesen der Dinge streifende Art der Rede, die Sachliches persönlich bringt, gefällt ihm. Sie ist nicht Predigt, nicht Lehre, nicht Causerie und ist doch ein bischen von allen. Man sitzt wie am Kamin und doch vor einem Katheder. Das hat er gern und so giebt es jetzt schon Conferencen von allen, für alle, über alles. Jeden Dienstag kann man in der Bodinière, punkt vier Uhr, den guten, dicken, alten Onkel Sarcey hören, über Racine oder über Pascal oder über Beaumarchais, behaglich instructiv, vor Mädchen und Frauen der bürgerlichen Welt, während wieder Donnerstag Xanrof, der lose Spötter, seine listigen Glossen zu den Zoten sagt, welche dann die hagere Yvette singt, mehr für Herren und minder bürgerlich. Und es giebt Conferencen von Lemaître und von Brunetière und von Larroumût und es giebt Conferencen über das letzte Buch und über das letzte Stück und über Panama und über die Juden und über die Anarchie und über das Küssen.

Aber alle, sagen die Kenner, sind nichts gegen die Conferencen des Grafen Robert Montesquiou, wenn seine dunkle, innige, ein wenig gascognische Stimme, leicht, leise und lässig, über die Desbordes-Valmore, die „christliche Sappho", oder sonst eine ferne, fremde und gesuchte Sache spricht. Dann drängen sich alle Apostel des Morgigen hier, Dichter mit assyrischen Bärten, die steifen Locken wunderlich verschnörkelt, präraphaelitisch bleiche Maler, schmale, matte und wie Lilien fällige Comtessen, leicht verzückt und leicht ermüdet, nach den Paradiesen unbekannter Schönheit lüstern, und zwischen den scheuen und wie verschmachteten Farben ihrer weiten, welken Gewänder glänzt silenisch und wüst der Schädel des Verlaine: denn der Graf Robert Montesquiou ist jetzt die neueste Mode der immer neuesten Geister, die geflissentlich stets an Wünschen und Gefühlen vor ihrer Zeit sind und von jedem Geschmacke die Erstlinge haben müssen.

Whistler hat ihn gemalt, das Bild war heuer im neuen Salon. Da steht der hagere, fahle Dandy wie ein Fechter oder ein Tänzer, man weiß es nicht recht; ganz schwarz, sehr lang, sehr schmal, sehr glatt, ein bißchen geziert, heroisch doch bizarr, fast sublim, aber lächerlich. Man denkt an Don Quixote, aber an einen anglisierten, der bei Poole arbeiten ließe. Ein ritterlicher snob — so sieht hier der Dichter von Les Chauves-Souris und Le Chef des odeurs suaves aus.

Man kann nicht sagen, daß diese Gedichte schlecht sind. Aber man kann auch nicht sagen, daß sie gut sind. Ihre Mache ist köstlich. Aber sie sind nur Mache. Es fehlt die Seele. Sie wirken auf den Geist, die Sinne, die Nerven. Gefühle treffen sie nie. Sie treiben tausend Künste und vermögen keine Kunst. Das leugnen auch seine Freunde nicht. Aber es ist ihnen gleich: denn sie rühmen nicht seine Werke, sondern sein Leben. Nicht in seinen Versen, sondern durch die Kraft, da draußen im Pavillon de Madame, der ihm in Versailles gehört, die tägliche Welt in ein Geschöpf von Märchen, Traum und Laune zu verwandeln, ist er ihnen der große Künstler. Die Gedichte sind dabei nur Mittel und Hilfen, wie die große Sarah oder die winzige Reichemberg, die er zu seinen Festen ladet, um sich in die Stimmung zu bringen, die er eben will. Das, sich wissentlich zu hallucinieren, ins Unwirkliche zu flüchten, Gedicht zu leben, das ist „die Kunst der Décadence", die sie suchen, und da gilt er Meister.

Man weiß und er hört es gern erzählen, daß er das Original des Esseintes in dem Romane von Huysmans „A rebours" ist. Dieser haßt die wirkliche Welt und flieht in ein künstliches Leben, loin de l'incessant déluge de la sottise humaine. Er sperrt sich in einen Thurm, schläft den Tag, wacht die Nacht. Der Saal gleich der Cabine eine Schiffes und hinter den Scheiben der Porten sind Aquarien mit mechanischen Fischen. Das Boudoir ist eine öde mönchische Zelle, aber aus köstlichen und seltenen Stoffen. Hier träumt er und oft öffnet er einen Schrank mit Schnäpsen, son orgue à bouche, kostet hier und dort einen Tropfen, schlürft und spielt sich aus ihren Reizen Symphonien vor. Jeder Schnaps giebt ihm einen anderen Ton: der Curaçao klingt wie Clarinette, Kümmel wie Hoboe, Anisette wie Flöte; indem er sie mischt, schwillt ein mächtiges Orchester. Oder er sinnt vor Gemälden: vor der Salome des Gustave Moreau, vor den gefolterten Heiligen des Luyken, vor Odilon Redon. Oder er liest die alten Römer, aber da mag er nur Petronius, Marius Victor, Orientius, welche die Humanisten die schlechten Schriftsteller heißen. Er treibt fleißig Theologie. Er liebt mit Gier und Brunst die perversen Orchideen.

Das mag ja ein bischen chargiert sein, aber es stimmt mit dem Bilde, das der brave, herzliche Coppée neulich von dem Originale gab. Er kennt den Grafen lange und schildert, wie schon der Jüngling immer fremd und seltsam war, geflissentlich anders als die anderen. Er suchte das Besondere, Ferne, Einzige. Neue Verse, ungehörte Worte, Stimmungen, die keiner noch gefühlt, wollte er gern finden. Er mied die übliche, banale Schönheit. Was der Menge gefiel, mußte er verachten; er haßte den Geschmack der Vielen. „Nein", pflegte er zu sagen, „wenn ich mich je entschließen könnte, etwas von mir drucken zu lassen, so soll es höchstens in dreizehn Exemplaren geschehen — zwölf für die Freunde und eines für die Menge." Und dann hatte er den Wahn, die Blumen zu hassen, welche dufteten, Veilchen oder Nelken. Er trug nur die Gardenia, welche ohne Duft ist, eine Blüte ohne das Wesen der Blüte. Aber diese parfümierte er sehr, weil er Gerüche liebte: sie durften nur nicht natürlich sein. Weil es in der Natur der Blumen ist zu duften, wählte er die unnatürliche Gardenia, die es verleugnet. Aber weil es in der Natur der Gardenia ist, nicht zu duften, tauchte er sie in die tiefe, heftige Gerüche, bis sie sich selber so verleugnen mußte. Dem schlichten und bürgerlichen Coppée schien es närrisch, aber er wollte nicht zürnen, weil es doch immer ohne Pose, ungezwungen war. Man sah, daß der Jüngling eben nicht anders konnte. Er schien gesucht und suchte es doch nicht zu scheinen. Und Coppée tröstete sich: sa nature consiste à n'être pas naturel.

Der wackere alte Herr merkte es wohl gar nicht, daß er da die Formel dieser ganzen Décadence gab. Es ist ihre Natur, unnatürlich zu sein. Wie der Philippe des Barrés ruft; „Fuyons, rentrons dans l'artificiel!" Wie der Roger des Maupassant sagt: „Ich behaupte, daß die Natur unsere Feindin ist und daß wir immer gegen die Natur kämpfen müssen." Wie die Goncourts schon 1854 in ihrem Tagebuche schrieben: il est une coruption des vieilles civilisations qui incite l'homme à ne plus prendre de plaisir qu'aux oeuvres de l'homme et à s'embêter des oeuvres de Dieu.

Es ist ihre Natur, unnatürlich zu sein. Sie können nicht anders. Falsche Forderungen verleiden ihnen das Leben. Barbaren, die nicht an der Kette einer alten Cultur geboren werden, nehmen die Welt, wie sie ist, mit den Sinnen in die unbefangene Seele, die sie aus sich ordnen, deuten, wesentlich formen mag: die Welt wird ihnen, indem sie ganz in ihre Seele und ihre ganze Seele in sie bringt, von selber Kunst. Aber aus dieser spinnt eine alte Cultur dann Nebel und Scheine um die Erziehung ihrer Menschen. Sie wachsen, unselige Spätlinge, nicht mehr in der wirklichen Welt der Sinne, sondern in einer künstlichen von geborgten Träumen auf, dem Erbe von einst. Die Werke der Vergangenheit verhüllten ihnen die Dinge der Gegenwart. So lernen sie alle Verschönerungen, die je ein schwärmerischer Wahn der Ahnen schuf, vom Leben fordern und weil es nicht geben kann, was nur die Seele geben kann, wenden sie sich mit Ekel und Verachtung ab. Die Kunst der Väter töbtet das Leben der Enkel. Sie wollen aus dem Wirklichen flüchten. Wohin? In die Seele? Aber die Seele ist leer, wenn ihr der Stoff der wirklichen Welt fehlt: sie wird an ihrer Fülle erst lebendig; nur wer wachte, kann träumen. In Kunst? Aber sie ist doch immer nur gefühltes Leben. Jene todte der Vergangenheit mögen sie in Erinnerungen genießen; selber können sie keine der Gegenwart schaffen. Sie sind stumm, nichts will mehr in ihnen quellen und, indem sie die Natur verloren, verloren sie auch die Kunst. Es ist ihre Natur, weil sie unnatürlich sind, unkünstlerisch zu sein.

Das Leben fühlen, durch das Gefühl das Wesen aus der Hülle holen, fühlend sich selber in den Dingen und die Dinge in sich selber und seine Einheit mit der Schöpfung finden — das war immer der Sinn der Kunst. Das Leben fliehen, durch Laune, Wahn und Traum verdrängen, in sich vergessen — das ist der Sinn dieser Décadence. Man kann sie begreifen. Ja, sie mag in der letzten Stunde alter Culturen unvermeidlich sein. Aber Kunst darf man sie nicht nennen. Die Décadenten vom Schlage des Grafen Montesquiou sind nicht Künstler, die schaffen, sondern Laien, die genießen wollen. Es handelt sich ihnen nicht um neue Werke, sondern um andere Freuden. Sie geben nichts, sie möchten nur nehmen.

II.

Der Graf von Montesquiou heißt englisch Oscar Wilde.

Auch Oscar Wilde ist mehr durch sein Leben als durch seine Werke berühmt. Diese haben Geist, eine gefällige Gabe, schön zu tapezieren, und den Glanz von Juwelen und Geschmeide. Jetzt schmeicheln sie dem Auge, jetzt dem Ohre, alle Sinne schwelgen; aber es schweigt das Gefühl. Sie sind Dichtungen für Dichter, die immer seine gewählten, ungemeinen Absichten, die seltenen und reichen Mittel bewundern müssen; aber zum Menschen dringen sie mit allen seinen Listen nicht. Sie verschwenden die edelsten Würzen; aber es fehlt der Saft, der den großen Rausch giebt. Doch durch sein jähes, buntes und groteskes Leben von grellen Launen und mit Fleiß phantastischen Begierden, das Abenteuer sucht, dem Banalen feind, nach Chimeren lüstern, und stets den bürgerlichen Sinn beleidigen will, wurde er der Liebling der „Estheten".

Diese „Estheten", die Erben der Präraphaelite Brotherhood, die der Punch so unermüdlich verspottet und Sullivan in eine muntere Operette gebracht hat, sind eine fanatisch dem Schönen ergebene, in künstlichen Extasen selige Gemeinde. Composer la vie d'impressions d'art et de cela seulement, hat Bourget als ihre Losung gegeben und die Vernon Lee, die eine Zeit zu ihrer Gruppe gehörte, läßt den Helden der Miß Brown erklären: „Das einzige, was uns zu thun übrig bleibt, uns, die wir zu spät gekommen sind, ist, daß wir die welken Blüthen der Vergangenheit suchen und sammeln, wie entfärbt sie auch sein mögen, um mit ihnen unser Leben zu parfumieren. Die äußere Welt wird täglich häßlicher. Wir müssen uns mit den Stoffen von einst und durch unsere Einbildung eine eigene kleine Welt bauen, wo wir in Schönheit leben können." Was irgend helfen mag, die Gegenwart zu vergessen, die Vergangenheit zu wecken, Traum zu bringen, holen sie mit Eifer: alte, blasse, schwanke Webereien, gothische Möbel und banteste Trachten, Lilien, Wappen und die laute Pracht der Pfauen — so verhängen sie die Täglichkeit der Dinge und mit stillen Gesten feierlicher Demuth, in Gewändern von Mantegna, botticellisch ernst und milde lauschen ihre Frauen, wie in weißlich grüner Seide, unter Kränzen bleicher Rosen, Pagen aus der Vita Nuova lesen.

Mehr noch als durch das Märchen, das er lebt, verdient Wilde die Bewunderung und die Liebe der „Estheten" durch den „decay of lying." Das ist

ein kurzer Dialog, kaum sechzig Seiten, über die Kunst. Er sagt in ehernen und unvergeßlichen Sätzen den Glauben, alle Triebe, den letzten Sinn der Gruppe aus, ein köstliches Document ihrer Mode, die in Frankreich Décadence heißt.
"Enjoy Nature! J am glad to say that I have entirely lost that faculty." Die Natur ist häßlich. Die Kunst ist die Flucht aus der Natur. Die Kunst meide das Leben. Das Leben folgt der Kunst. Die Kunst darf dem Leben nicht folgen. Remote from reality and with her eyes turnet away from the shadows of the cave, Art reveals her own penfection." Das ist das Programm. Der Graf Montesquiou und der Däne Hermann Bang und der Deutsche Stefan George würden nicht zögern, es zu zeichnen.

III.

"Es geschähe den Poeten und Künstlern schon dadurch ein großer Dienst, wenn man nur erst ins Klare gebracht hätte, was die Kunst von der Wirklichkeit wegnehmen oder fallen lassen muß", schrieb Schiller an Goethe. Der Naturalismus löste die Frage, indem er von der Kunst verlangte, Wirklichkeit, nichts als Wirklichkeit und die ganze Wirklichkeit zu sein. Die Décadence löst die Frage, indem sie von der Kunst verlangt, unwirklich, Traum und nichts als Traum zu sein. Da soll sie nun wählen. Wem wird sie folgen?

Der Naturalismus wirkt heute nicht mehr. Man

hält es jetzt wieder mit Goethe, der sagte, als ein Naturalist das Hündchen Bello darstellen wollte: „Lassen Sie auch seine Nachahmung recht gut gerathen, so werden wir doch nicht sehr gefördert sein: denn wir haben nun allenfalls zwei Bellos für einen." Es scheint absurd, daß die Kunst nichts weiter als wieder Natur, und der Wunsch wächst, daß sie anders, nicht „imitativ", sondern „creativ" sei. Sie soll nicht äffen. Sie soll schaffen.

So mag man es denn mit der Décadence versuchen, die das Leben flieht und Traum wünscht. Aus der reinen, einsamen, unsinnlichen Seele will sie schöpfen. Aber da wird sie gewahr, daß die Seele, wenn man ihr die sinnliche Welt nimmt, nur noch eitle Schemen, nichtige Schatten ohne Blut hat, wankende Erinnerungen und Citate aus verstorbenen Künsten. Die Seele ist leer, wenn sie von draußen nicht die Sinne füllen, ist stumm, wenn nicht die Dinge von draußen in ihr reden, und wie sie nur in Worten denken kann, kann sie auch nur an Dingen fühlen. Sonst weiß sie, wie gierig sie sich quäle, nur Echo von einst zu melden, Hall von Dante und Fiesole oder was sonst ihre ersten Erfahrungen waren. Und da gilt doch auch wieder das Wort von den zwei Bellos: denn wenn es absurd ist, eine Kunst neben die Natur zu stellen, die nichts als eine zweite Natur ist, so ist es nicht minder absurd, eine neue Kunst zu schaffen, die nur wieder die alte ist. So fühlen die Décadenten, daß Kunst nicht Natur, aber daß doch ohne Natur erst recht keine Kunst ist. Das ist ihr Dilemma. Es ist das Dilemma aller Dilettanten.

Wenn der Dilettant die Natur wählt, vermag er immer nur eine zweite Natur zu geben; er kann nur äffen. Wenn der Dilettant die Natur meidet, muß er sich ins Leere verlieren; er wird sich höchstens erinnern. Es ist eben die geheime Magie des Künstlers, indem er die Natur nimmt, mehr als Natur zu geben, da er sie als Äußerung seiner Seele deutet. Er kennt die Furcht nicht, das Wirkliche zu äffen: denn, wie Goethe in den Propyläen schrieb, „indem der Künstler irgend einen Gegenstand der Natur ergreift, so gehört dieser schon nicht mehr der Natur an, ja, man kann sagen, daß der Künstler ihn in diesem Augenblicke erschaffe, indem er ihm das Bedeutende, Charakteristische, Interessante abgewinnt oder vielmehr erst den höheren Wert hineinlegt." Und er kennt auch die Furcht nicht, an Stoff zu darben: denn immer dient ihm die ewige Fülle der Welt, ein unerschöpflicher Atlas seiner Seele.

Die Décadence der Montesquiou und Wilde ist eine Ausflucht von Dilettanten, die ein rechtes Gefühl der Kunst, aber die schöpferische Kraft der Künstler nicht haben.

Orpheus.

Am Anfange der Griechen sehen wir den Sänger Orpheus, um die Gattin klagend, in den thrakischen Bergen schweifen. Er rennt wie im Fieber, seine Locken flattern, ein Sturm scheint den unstet Schwärmenden zu jagen und so fremd, so trunken und so gewaltsam heilig tönt es über seine vom Schmerze verzauberten Lippen, daß die wilden Thiere kommen und ihm folgen; ja, die Wälder halten den rauschenden Athem ihrer Bäume an und horchen, die Bäche stehen still und wollen lauschen, und alle Natur ist rings begierig, aus ihm sich selber zu vernehmen. Er aber weiß von nichts, wandelt wie im Traume, brausend von Gefühlen, sich selber ganz entfremdet und entrückt, ein Knecht geheimer Mächte, und schaudert, wie Unbekanntes da, groß und herrisch, aus ihm verlautet. So zeigt der Mythus den ersten Dichter uns als einen Verzückten, der sich an die Gewalt dunkler Triebe verloren hat. Aus Wahn und Extase kommt sein Lied und es treibt in Wahn und Extase.

Als Benvenuto Cellini seinen Perseus, diesen zierlichen und eleganten Helden, vollendet hatte und nun der Herzog befahl, die Thüre nach dem großen Platze zu öffnen, damit alles Volk von Florenz ihn sehen sollte, da lief ein ungeheurer Lärm von Lust und Jubel durch die Stadt, jeder verließ sein Geschäft und rannte herbei. Greise und Knaben, Krieger und Priester, Edle und Arme drängten sich und wurden nicht müde, das Werk zu preisen und den Meister zu ehren, daß es schon fast für einen Papst zu viel gewesen wäre. Und so heftig und ohne Maß tobte in allen die Freude an diesem Wunder, daß sie laut schrieen vor Glück und sich jauchzend küßten und taumelten vor Verzückung. Aber den anderen Tag fand er so viele Sonette, die Jünglinge und Schwärmer im Drange ihrer Wonne an seine Thüre geschlagen hatten, daß sie von oben bis unten mit Gedichten über und über bedeckt war.

Wenn die Grafen der Provence ihre Cours d'amour, wo schöne und sinnig leidenschaftliche Frauen galante Fragen delicat verhandelten, schmücken wollten, riefen sie Troubadoure herbei. Das waren oft große Herren, stolz zu Rosse, üppig gekleidet, von Vasallen beschirmt, wie Bertrand de Born oder jener Wilhelm von Poitiers, Herzog von Aquitanien, und oft waren sie auch ganz arm und gering wie der heiße Arnaud de Marveil, der das innige Wort der Liebe sprach: „Gott kann mir, die ich liebe, nicht nehmen; denn er wäre nicht imstande, mich zu trösten." Man bewirtete sie herzlich, sie vergalten es mit anmuthigen Scherzen und Erzählungen seltener Sitten, alter Mären, bunter Abenteuer und während sie sprachen, während man hörte, verstummte die tägliche Sorge, die gemeine Existenz entschlief und feinere, milde, festliche Gefühle, unirdisch helle und verklärt, schwirrten wie Libellen.

Dann schwiegen sie von den Schwänken des Verstandes, redeten nicht mehr, sondern sangen, inneren Stimmen gehorsam, die scheu und leise aus der Seele stiegen. Aus der sanften Güte dieser lieblichen Extasen brachen sie die Knospen ihrer Lieder, die dann das Volk, vom Dufte trunken, durch das ganze Land trug. Also: wohin wir sehen, immer sind es zwei Dinge, die zum lyrischen Dichter gehören. Er kommt aus Extasen und er führt in Extasen. Verzückungen treiben ihn von seiner täglichen Existenz weg in eine verborgene, tiefere Welt von unbekannten und heroischen Kräften, die ihn aus sich ermächtigen, nun auch die anderen, die ihn hören, in seine Verzückungen zu treiben. Er wird über sich hinaus, aus dem einzelnen Wesen weg ins Ganze gehoben und von dort kann er in alle Menschen dringen, um sie am Gemeinsamen zu sich zu ziehen. Es giebt allerhand, das den Dichter in Extase bringen mag: eine Erschütterung durch das eigene Leben, wie bei Orpheus, oder durch eine fremde Kunst, wie bei jenen Sängern an Cellini, oder auch die geflissentliche Selbstverzauberung der Troubadoure — sie lockten sich wissentlich, wie Derwische, selber in den holden Taumel hinein. Aber immer erst, wenn die Extase kommt, kann der lyrische Dichter beginnen, nur während die Extase ist, darf er walten und allein in Extase zu bringen ist immer sein Amt. Und nun braucht man bloß an die Leute zu denken, die heute Gedichte liefern, an dieses trockene und stumme Dichten in der Stube, mit unterlegten Contracten, von zehn bis zwei, das Lexicon in der Hand, nach Gedanken, statt aus Stimmungen, und braucht bloß zu denken, daß die Hörer Leser geworden sind, taube Leser mit den Augen, von der Zeitung weg, zwischen zwei Geschäften, um die ganze Unkultur und Verwilderung dieser armen und entarteten Zeit zu fühlen. Viele bemühen sich, ihr zu helfen, und aus diesem guten, aber ängstlich hastigen und so unberathenen Drange kommen manche wunderliche Pläne her. So hat jetzt ein Franzose, Herr Adolphe Thalasso, ein merkwürdiges Buch geschrieben: „Résurrection des Cours d'Amour".*) Er preist da die Glorie der Troubadoure und mahnt, ihren Sitten zu folgen. So etwas, wie einst die Très Gaye Compagnie des sept troubadours de Toulouse gewesen, möchte er stiften: einen Verein für „Jeux littéraires publics". Ein Theater soll gemiethet werden, jeder Dichter, der sich melden würde, dürfte seine Verse sprechen und die Menge hätte am Ende nach ihrer Begeisterung und Lust den Glücklichen zu wählen, dem eine schöne Frau lächelnd ein goldenes Veilchen reichen müßte. Es ist nur die Frage, ob aus diesem bunten und verführerischen Wunsche heute mehr als ein kurzer, anmuthig tändelnder Scherz werden kann. Es ist die Frage, ob die Gestalt, die das Leben der Menschen jetzt hat, sich je mit Poesie vertragen mag. Es ist die Frage, ob nicht der ganze Zustand zu unkünstlerisch ist, um jene innigen Extasen zu erlauben. Dann müßten alle, die in Schönheit leben wollen, sich erst von dieser so verdorbenen Ordnung zu befreien trachten und bis da-

---
*) Édition de l'Avenir dramatique et littéraire.

hin hätten wir uns in gütiger und hoffender Geduld zu fassen, zufrieden, wenn es uns gelingt, die leisen Reste der Vergangenheit, wo nur noch welche sind, getreu zu hegen und für bessere Tage zu bewahren. In diesem Sinne können die Vereine wirken, die sich jetzt in den Provinzen zur Pflege der lokalen Dichtung bilden. Sie haben das Verdienst, die Achtung der Menge von der ungestalten und nichtigen Literatur der großen Städte weg, die sich immer mehr an den Journalismus und das Geschäft verliert, auf einfache und treuherzige Männer, die „singen, wie der Vogel singt", und so auf die ewige Bedeutung des Gesanges als einer Stimme aus der Seele der Natur zu lenken. Es mag ja sein, daß das manchmal auch einem zugute kommt, der kein Dichter ist, aber zuletzt kommt es doch dem Dichten zugute. Darum sollen die großen Künstler diese kleinen Vereine nach Kräften fördern und solche Arbeit, wie sie jetzt der Stelzhamer=Bund*) mit der neuen Ausgabe der Werke von Stelzhamer unternimmt, verdient alle Ermunterung und Hilfe: denn sie läßt in diesen Verwirrungen und Nöthen den Trost nicht untergehen, daß der Vater der Dichter, am Anfange der Geschichte, doch Orpheus gewesen ist, jener hold berauschte, der wie im Traume, brausend von Gefühlen und geheimer Zauber mächtig, durch die thrakischen Wälder zog.

*) Begründet von Dr. H. Zötl, Dr. A. Matosch und H. Commenda. Vgl. die hübsche Schrift „Franz Stelzhamer und seine Beziehungen zu Groß=Stefenham und Salzburg" von Heinrich Dieter. Salzburg, bei Heinrich Dieter.

Die weiße Schlange.

Es ist nun schon lange her, da lebte ein großer König, so weise und gelehrt, daß er darum im ganzen Lande bewundert und gepriesen wurde: denn er wußte alles, nichts konnte sich vor ihm verbergen. Er hatte aber eine seltsame Sitte. Immer, wenn von der Tafel alles abgetragen und gar niemand mehr zugegen war, mußte ein vertrauter Diener noch eine Schüssel bringen; die deckte der König nicht eher auf und aß nicht davon, bis er ganz allein war. Das hatte lange schon so gedauert, da gelüstete es jenen Diener, auch einmal von der geheimen Speise zu kosten: er trug die Schüssel in seine Kammer, hob den Deckel und sah, daß eine weiße Schlange darin lag. Er schnitt ein Stück von ihr, aber kaum hatte er es gegessen, da ging es ihm wunderlich: er verstand die Sprachen aller Thiere. Er verstand, was die Hunde bellten und was die Vögel sangen und was die Flöhe husteten. Und da vernahm er sonderbare Sachen. Hunde meldeten sich, die gar keine Hunde, sondern verzauberte Prinzen waren, und Enten, die wieder Königinnen wurden, und Raben, die schöne Jünglinge wurden, wie er nur ein gewisses Wort, das sie ihm nannten, sprach oder sie auf eine gewisse Weise berührte. So konnte er alle Verzauberungen lösen und gewann Macht und freute sich, daß er von der weißen Schlange gegessen hatte.

Dieses alte Märchen von der weißen Schlange will unseren armen und irren Menschen von heute nicht aus dem Sinn. Sie ahnen, daß rings alle Dinge in Verzauberung liegen und, wer das gewisse Wort hätte, sie wecken könnte. Das quält und drängt sie; sie sehnen sich und suchen. Die Väter hatten es besser: sie nahmen die Welt in ihrer täglichen Ungestalt, wie sie den Sinnen scheint, die Hunde als Hunde, die Enten als Enten, die Raben als Raben und weiter nichts, und keiner dachte an ihr Wesen hinter dem Scheine und sie fragten nicht, was die Hunde bellen und was die Vögel singen und wie sie in Prinzen oder Königinnen zu verwandeln sind. Aber plötzlich kommt der Glaube an die weiße Schlange jetzt zurück: diese anderen Menschen von jetzt und morgen fühlen, daß die Dinge anders sind, als sie scheinen, und ihren letzten Sinn, ihre innere Bedeutung möchten sie aus ihnen lösen; sie fühlen die Kraft der großen Kunst. Nach ihr blicken sie aus, die alle Räthsel offenbaren und die Schleier heben wird, und sie wissen, daß sie kommen wird, und sie ängstigen sich, weil sie so lange zaudert, und es pocht ihnen das Herz, daß sie früher sterben könnten, und vor seliger, aber banger Erwartung haben sie keine Rast; noch ist es Nacht um sie, aber schon sehen sie die Unruhe der jungen Sonne in der Ferne zucken. Jeder möchte der erste sein, der sie grüßt, und so stehen sie und beugen sich mit unendlicher Begierde vor und lauschen und dieses demüthig harrende Fragen ins Dunkle hinaus, das Khnopff so gern malt, ist die wesentliche Geberde der Zeit. Und bis dahin, bis das große Wunder kommen wird, das sie die Sprache aller Dinge lehren wird, wenden sie sich zur Vergangenheit und holen von dort, was irgend ihre Geduld bekräftigen und dem Glauben an die weiße Schlange dienen mag.

In der stillen Stadt Gent geht zwischen gleitenden Beguinen ein heller und so freudig verwundert ins Leben schauender Jüngling herum, Advocat, Bicyclist und Poet zugleich. Das ist Maurice Maeterlinck, den die Jugend lobt, und wenn man ihn nach den Werken fragt, die er rüstet, erzählt er gern, daß er E. T. A. Hoffmann und Novalis übersetzen will. Der Pariser Henri Albert, selbst kein Künstler, aber wie ein Indianer an Gehör und Witterung für jedes leiseste Zeichen der Kunst, möchte Jean Paul übersetzen. Bei dem Münchener Meister T. T. Heine findet man im Atelier nur zwei rothe Hefte, eine Novelle von Tieck und eine von E. T. A. Hoffmann. Ja, sagen da die Leute, man sieht eben, was an dieser ganzen Decadence ist; man sieht, daß diese ganze Decadence eben nichts als eine neue, nur modisch verkleidete Romantik ist. Sie irren. Die Decadence ist keine Romantik, aber wer über die Decadence zur Kunst will, muß eine Zeit romantisch werden, weil es ja das Wesen des Romantischen ist, zwischen dem Leben und der Kunst zu sein, vom Scheine schon getrennt, mit dem Sinne noch nicht verbunden. Der Unkünstler lebt im täglichen Scheine der Dinge; er nimmt sie wörtlich, die Hunde als Hunde, die Enten als Enten, die Raben als Raben und weiter nichts, und es fällt ihm nicht ein, sie auf seine Seele zu beziehen, die äußere Welt als Figurine seiner inneren zu betrachten, und so stört nichts sein Behagen. Der Künstler lebt im ewigen Sinne der Dinge; er nimmt sie symbolisch, die Welt wird ihm ein Atlas seiner Seele und ihre Hunde bedeuten seine Prinzen; eine reine Landschaft am Abend ist ihm eine innige Stimmung seiner Nerven, ein zorniger oder heroischer Mensch, der draußen lebt, ist ihm ein Moment der eigenen Jugend und so kann wieder nichts die reine Ordnung seines Glückes stören. Aber wer auf dem Wege zwischen jenem und diesem ist und jene bürgerliche Zufriedenheit nicht mehr, diese künstlerische noch nicht hat, muß im Zwiste der Welt mit seiner Seele leben. Jener weiß von der weißen Schlange nichts. Dieser hat sie. Beide sind froh. Aber wer von der weißen Schlange hört, wird leiden, bis er sie findet. Und dieses schmerzliche Suchen der weißen Schlange heißen wir Romantik.

Es ist jetzt ein fleißiges, sehr gescheidtes, freilich bisweilen unbewußt und wie aus dem Schlafe redendes Buch*) erschienen, das das Leben und die Werke von E. T. A. Hoffmann mit zärtlicher, doch unbefangener Liebe erzählt. Es kommt zur rechten Stunde, weil diese neuen Romantiker sich da vergleichen und wie

---

*) E. T. A. Hoffmann. Sein Leben und seine Werke. Von Georg Ellinger. Hamburg und Leipzig. Verlag von Leopold Voß.

in einem Spiegel prüfen können; sie werden da gewahr, was jene alten Romantiker waren und wie sie wohl Künstler waren, aber Künstler, die es nicht bis zur Kunst gebracht haben. Es stellt dar, wie Hoffmann gegen das tägliche Leben, das um ihn ist, in Haß und Entrüstung geräth, es mit sich unversöhnlich fühlt und so getrieben wird, es in sich zu vergessen, ja aus sich zu vergewaltigen, indem er in die Wirklichkeit die Geschöpfe seiner Laune stellt; dieser „Drang, die Gebilde seiner Phantasie in das umgebende Leben hineinzutragen," diese „eigenthümliche Vermischung der Vorgänge des inneren und äußeren Lebens . . . . . . von Wirklichkeit und Phantasiegebilden" bestimmt seine Weise. Sie ist die Weise eines Künstlers: denn der Künstler fängt immer damit an, daß einer sich wehrt, wie Eckermann einmal gesagt hat, „seinen Geist der verruchten empirischen Welt zu associiren." Aber sie ist keine Weise der Kunst, die doch nicht den Unfrieden einer Seele mit dem Leben darzustellen hat, sondern vielmehr aus der Seele den Frieden in das Leben bringen soll: es ist ihre Sache nicht, magische Laternen zwischen die Dinge zu hängen, daß sie bunter und greller, doch nur noch grausiger und toller scheinen, sondern es ist ihre Sache, das ewige und bloß durch die tägliche Form verdunkelte Licht der Dinge aus ihnen leuchten zu lassen, indem sie ihm das gute Oel der Seele zuführt. So wird seine Weise dem Unkünstler nicht gefallen und, wer die Kunst hat, wird sie, wie Goethe, als eine „Verirrung" schelten. Aber dem Künstler, der die Kunst sucht, ohne sie zu finden, wird sie lieb sein, weil es doch ein Trost heißt, im Leide Genossen zu haben. Die weiße Schlange will diesen armen und irren Menschen von heute nicht aus dem Sinn. Wer dem Glauben an sie dient, den hegen und ehren sie dankbar. Aber wenn der Mächtige und Weise kommen wird, der wirklich von ihr gegessen hat, daß er hört, was die Hunde bellen und die Vögel singen, und aus den Verzauberungen die Prinzen weckt, dann werden sie alle anderen gleich frohlockend vergessen.

Ein Sonderling.

In einer Hütte auf der Lawies von Tullnerbach starb neulich ein sonderbarer Greis. Er war als Professor Eduard O'Brien gemeldet und die Leute wollten wissen, daß er ein Bruder oder doch Vetter des Dubliner Erzbischofes, aus einer sehr großen und sehr alten Familie, ja wohl gar der Enkel irischer Könige sei. Sie kannten ihn lange: 1878 war er gekommen, hatte bei einer Versteigerung die Hütte um ein Geringes gekauft und nun alle die Jahre einsam für sich gelebt, in einer feindlichen Verschlossenheit, ungesellig, scheu vor den Menschen, finster und stumm. Wen es gelüstete, mit ihm zu reden, der mußte es böse büßen: er trieb ihn rauh und hämisch weg. Wenn er auf seinen Gängen einem Wanderer begegnete, kroch er hinter Gebüsch, sich zu verstecken. Er mied jeden Blick und jedes Wort. Die Leute wunderten sich und

wenn sie ihn in seiner Hütte hämmern und geschäftig
hantieren hörten, wurde ihnen bange, weil sie es nicht
deuten konnten, und sie rächten sich mit schlimmen
Gerüchten. Das war schon viele Jahre so. Aber da
er jetzt starb, kam es in die Zeitungen und die Zeitungen
beeilten sich jetzt, das Räthsel des wilden Eremiten zu
lösen, wie es ja auch ihr Amt und ihr Beruf ist.
Die Zeitungen begannen zu argumentieren. Dieser
Mensch war aus dem Leben geflohen. Warum? Aus
Furcht vor einer Strafe oder aus Gram über ein
Leid? War es ein Verbrechen oder war es ein Schmerz,
was ihn von den Menschen trieb? Sie suchten. Er
konnte ein Verschwörer sein, ein Fenier, von „jenem
Bunde, der Gift und Dolch nicht verschmäht und die
politischen Gegner kalten Herzens hinmordet." Oder
man mochte meinen, daß Untreue und Verrath einer
Geliebten ihn zur Verzweiflung am Leben und zum
Hasse der Menschen gebracht. Aber sie suchten um=
sonst. Es „stellte sich heraus, daß Edward Murrough
O'Brien keineswegs eine so abenteuerliche und romantische
Vergangenheit hatte, wie man nach seinem Tode anfäng=
lich anzunehmen geneigt war, ... daß er nichts mit den
politischen Wirren und Umtrieben in seinem Vater=
lande zu thun hatte, daß er kein Fenier war und
sich nicht aus Irland flüchten mußte, daß er weder in
Amerika gewesen noch zu Zeit des Krimkrieges nach
dem Orient ausgewandert ist. Er hat vielmehr den
größten Theil seines Lebens hier in Wien zugebracht
und zwar als englischer Sprachlehrer und war eine
in der Wiener Gesellschaft wohlbekannte und beliebte

Persönlichkeit; er verkehrte in den besten Kreisen und in den angesehensten bürgerlichen und aristokratischen Häusern, scheint ein eleganter Mann von feinen Manieren gewesen zu sein und veranstaltete mehrere Jahre hindurch geschlossene Picknicks, zu denen sich die distinguierte Welt drängte und die damals zu den glänzendsten Ereignissen des Faschings gerechnet wurden."

Und so viel seine Papiere, welche der Notar Dr. Hugo Hild in Purkersdorf einstweilen verwahrt, von allerhand munteren Liebeleien und Galanterien wissen, es fehlt doch jede Spur einer Leidenschaft. Keine Gefahr, die er zu scheuen, kein Schmerz, den er zu vergessen hatte. Die Zeitungen haben falsch gerathen und so zögern sie auch schon gar nicht mehr, ihn eigentlich „ganz uninteressant" zu finden und mit jener gemüthlichen Ironie, die ihnen immer bereit ist, wenn sie was nicht gleich verstehen, resumieren sie spöttisch: „Kurz und gut — Edward O'Brien war eher alles andere als ein tragischer Charakter."

Ob es sich nicht aber doch verlohnen könnte, über den immerhin ungewöhnlichen Mann noch ein bischen zu sinnen, weil er am Ende vielleicht neue oder seltene Lehren vom Leben giebt? Wir sind gewohnt, eine Flucht aus dem Leben nur zu verstehen, wenn einer durch Schuld aus ihm gestoßen oder durch Leid von ihm verwundet ist. Hier scheint nun ein Fall ohne Schuld und Leid zu sein. Ein heiterer und thätiger Mann, der unangefochten glücklich wirken könnte, geht hier plötzlich aus dem Leben in die Verschollenheit. Warum? Weil ihm das Leben nichts mehr bieten kann? Weil er das Leben nicht mehr braucht? Weil er sich selber genug geworden ist? Aber wie? Wie soll, wie will, wie kann man das deuten? Ihn einen Narren zu nennen ist doch noch keine Lösung. Wir kennen Anachoreten, die Sünden büßen, und kennen Anachoreten, die Leiden verwinden wollen. Giebt es noch andere, unsündige, ja freudige Anachoreten, Einsiedler aus der Lust am Leben? Und was wollen die in der Wüste? Das sind die Fragen, die der bunkle Sonderling von der Lawies in Tullnerbach stellt.

Er wird als ein denkender und genießender Mensch geschildert. Die Schüler rühmen seinen Geist. Er liebte Feste. Das Prangende und Prunkende des Lebens lockte ihn. Die Frauen waren ihm gut. Er trank mit gierigen Sinnen alle Reize der Dinge, aber es drängte ihn wohl auch, sie nach ihrer Bedeutung, um ihr Wesen zu fragen. Er sann, wenn er schwelgte, und wenn er den Duft der Abenteuer sog, trieb es ihn, ihren Sinn zu fassen. Er eiferte im Schwalle der Extasen, die Fülle der Erscheinungen auf ihre Ideen zu reducieren. Man denke sich einen wilden Don Juan im Irdischen, dem plötzlich alle flüchtigen Genüsse von ihrer heimlichen Ewigkeit zu reden anfingen, daß er, wie jener Prinz im Walde, die Stimmen der Vögel verstehen konnte. Da mußte ihm jedes Veilchen dann eine Geste der ewigen Schönheit, diese bunte Welt ein Atlas von Ideen und alles wie ein Gesang auf den Ruhm Gottes werden. Wenn er, denkend und genießend, hinter den Formen in das Wesen drang, konnte er sie entbehren. Seit er seinen

Sinn hatte, brauchte er das Leben nicht mehr, wie man, um Schach zu spielen, keine Figuren und kein Brett mehr braucht, wenn man nur erst seine Gesetze auswendig weiß.

Ob er Recht hatte, ist hier nicht die Frage. Es gilt nicht, ihn zu billigen. Man soll ihn nur verstehen. Es soll nur gezeigt werden, wie eine Seele dahin gelangen kann, die Einheit aller Dinge und das Wesen hinter den Erscheinungen so stark zu spüren, daß ihr alle nur Wünsche, Launen und Versuche der großen Macht sind, die sich bald verworren und scheu, bald in frohlockender Pracht manifestieren, und daß ihr die kleinsten am Ende als Statthalter der größten genügen. Goethe hat gesagt: „Ich habe all' mein Wirken und Leisten immer nur symbolisch angesehen und es ist mir im Grunde ziemlich gleichgiltig gewesen, ob ich Töpfe machte oder Schüsseln." Die Eroberung von Provinzen, die List des Handels, den Stolz der Architekten — man kann das alles ganz so fühlen, wenn man bescheiden seinen Acker pflügt. Man kann an seinem Hunde Solon oder, wer als Gärtner Blumen wider ihren Trieb nach seiner Laune zieht, Napoleon sein. Alles Vergängliche ist nur ein Gleichnis; aber wer seinen Sinn einmal vernimmt, der wird ihn in allen tausend Sprachen der Erscheinungen vernehmen, aus dem feierlichen Latein des großen Schicksals wie aus dem weichen Dialekt der täglichen Begebenheit. O'Brien hatte ein paar Instrumente und drechselte gern und drechselnd konnte er die Gefühle aller Dinge fühlen.

Wer je gelernt hat, hinter die Dinge zu schauen und sie als Variationen der Ideen zu erkennen, als einen bunten Carneval der ewigen Kräfte, die ohne Rast die Masken tauschen, der kann auf die Welt verzichten. Ja, es ist möglich, wenn man sich einen sehr Empfindlichen mit zarten und leicht verwirrten Nerven denkt, daß er sogar auf die Welt verzichten muß, weil der Tumult und Lärm der Dinge, die ihn alle unaufhörlich mit ihren Bedeutungen anschreien, ihm unerträglich würde. Vielleicht können wir nur leben, weil rings die Dinge um uns schlafen und sich kaum leise wie im Traume nickend regen. Wer darf es wagen sie zu wecken? Wer hätte die Kraft, von jedem verhärmten Gesichte alle Empfindungen der Noth, aus jedem Lachen alle Verzückungen der Lust zu lesen und so in jeder Begegnung die ganze Ewigkeit zu spüren? Es ist unser Glück, daß wir taubstumm durch das Dasein gehen, ohne es zu hören und mit ihm zu reden. Wenn der Frühling das erste Grün aus den Aesten schlägt, dann geschieht es oft, daß alle Dinge auf einmal so entsetzlich wach sind. Alte graue Steine beleben sich dann und erzählen von tausend Jahren, die Erde öffnet das Visier, um ihr verstecktes Angesicht zu zeigen, alles wird so fremd und neu und wir sind heiser und haben Fieber. Vor diesem Fieber, glaube ich, ist er aus dem Leben geflohen.

Er wäre dann am Leben für das Leben zu Grunde gegangen und dann möchte ich doch nicht so kühn behaupten, daß er „eher alles andere als ein tragischer Charakter" war.

Vom Gehen.

Der Arzt sagt mir: „Sie gehen zu wenig, da schläft Ihnen ja das Blut ein. Natürlich legt es sich dann schwer auf das Gemüth. Sie müssen mehr gehen. Jeden Tag sollen Sie doch eine Stunde, besser zwei, bei jedem Wetter spazieren. Sonst fehlt Ihnen gar nichts. Statt Cigaretten rauchend auf dem Sopha Fragen der Kunst zu betrachten, thun Sie es doch lieber draußen peripatetisch." Was bleibt mir übrig? Wenn man Doktoren nicht folgen will, malen sie einem gleich solche Höllenstrafen vor, daß man sich lieber in jede Verordnung zu willigen bequemt. Und so kann man mich jetzt gegen meine sonstige, lieber sitzende, meditativ herumliegende Art fleißig in unserer lieben Stadt spazieren sehen, getreu mein Pensum abgehend, ganz wie der Vater Horaz sich gerne schildert, behaglich schlendernd, Schwänke im Sinn, ohne Plan. Erst habe ich mich wohl gelangweilt, bald ist es mir lustig geworden und ich bin auf allerhand Gedanken gekommen; hurtig sind sie mir über den Weg gelaufen. Nun habe ich erst, seit ich um des Gehens willen gehe, begreifen gelernt, was das Gehen ist. Man glaubt gar nicht, wie eine Sache ganz anders aus-schaut, wenn man sie nicht als bloßes Mittel behandelt, dann thut sie erst ihr Wesen auf, giebt ihren Sinn her und läßt ihre heimliche Schönheit sehen. Selten ist es ja, daß jemand geht, um zu gehen. Immer soll es einem Zwecke dienen, wir wollen irgendwohin gelangen, dazu ist es ein Mittel; man läßt die Füße es besorgen, mit dem Kopf sind wir nicht dabei. Wer jedoch gezwungen ist, es für sich zu betreiben, wird erst die Bedeutungen gewahr, die in ihm liegen. Und er wird wieder inne, daß gemeine und tägliche Verrichtungen selbst, die wir unnachdenklich üben, die größten Wunder enthalten.

Das Gehen scheint aus dem Tiefsten des Menschen zu kommen. Was hinter allen Thaten oder Worten im Grunde eines Menschen liegt, was er sonst verhehlt, was er kaum vor sich selber bekennen mag, wird im Gange vernehmlich. Der Gang ist ein Verräther unserer Essenz. Unsere Mienen beherrschen wir, mit Worten verdecken wir uns, am ganzen Leibe haben wir heucheln gelernt; nur den Gang zu verstellen denkt niemand. Im Gehen wird der größte Lügner wahr. Was einer selbst kaum von sich weiß, so tief ist es, können alle an seinem Gange sehen. Ja, der Gang scheint eine besondere, Gedanken schaffende, Gefühle wirkende Kraft in sich zu tragen: er kann Trauer bannen, Leidenschaft mäßigen, Würde geben. Man zwinge einen Zornigen zu langsamen, bedächtigen Schritten; andantino soll er uns seine Wuth erzählen. Die aufheiternde Kraft des Tanzes beruht darin, daß er uns die Stimmung der Füße über den Kopf wachsen läßt. Das ist auch die Macht der Trommel: sie nimmt beim Marschieren die Laune des einzelnen Soldaten aus seinen Schritten weg, ertheilt ihnen dafür das allgemeine Tempo und so uniformiert sie die Gemüther. Jemandem einen Schritt geben, heißt ihn in eine Stimmung bringen. Jeder kann das selber an sich versuchen. Ich habe es zufällig gefunden. Gelangweilt, so ohne Zweck nach der Uhr zu gehen, habe ich angefangen, mich mit den Beinen zu amüsieren, indem ich zur Unterhaltung versuchte, meine Schritte absichtlich zu ändern. Ich habe mich erinnert, wie Freunde von mir gehen, und es nachgeahmt. Wer das thut und sich dabei zu beobachten nicht unterläßt, wird gewahr, wie mit jeder Veränderung des Ganges auch alle Gedanken, Gefühle und Stimmungen sich verändern; ja, man kann die Gewalt des Ganges bis in die Miene verfolgen, die jede Veränderung des Schrittes annimmt. Es giebt eine Art, die Füße frohlockend, selbstbewußt und befehlend aufzusetzen, zu der man kein bescheidenes oder niedergeschlagenes Gesicht machen kann. Man mag noch so niedergeschlagen und traurig sein, wenn einem etwas die Beine in einen heiteren Gang bringt, wird aus der Miene jeder Gram sofort entweichen; sie kann nicht widerstehen. Wie der Fuß den Takt schlägt, müssen die Augen tanzen. Wem es gelingt, den Gang eines anderen genau zu copieren, der nimmt unwillkürlich seine Art, sich zu halten, und den ganzen Ausdruck seines Antlitzes an. Ja, er nimmt für diese Zeit auch seine innere Art, sein Denken und sein Fühlen an. Wenn ich gehe, wie ein anderer geht, und es zeigt sich), daß damit meine Miene von selbst einen anderen Ausdruck bekommt, der dem Ausdrucke jenes anderen gleicht, und es zeigt sich ferner, daß zugleich auch meine Seele andere Stimmungen bekommt, so darf ich wohl denken, daß es eben die Stimmungen jenes anderen sind. Und so wäre ein Mittel da, in die Geheimnisse der Seelen zu schlüpfen.

Die Folgen sind leicht zu ziehen. Man kann diese Erfahrung zur Psychologie verwenden, man kann sie ethisch benützen und man kann sie dem Künstler, besonders dem Schauspieler empfehlen. Unsere Kenntniß von den Menschen wird es fördern, wenn wir uns gewöhnen, ihren Gang zu betrachten, bei uns nachzuahmen und zu belauschen, welche Veränderungen sich dabei in unseren Stimmungen regen. Geschickte Copisten, die es zugleich verstehen, sich zu beobachten, könnten Material liefern; diesem Gange gehört dieses Gefühl an, solche Schritte bringen solche Stimmungen mit, jener große Mann von jener besonderen Art hat jenen besonderen Gang; Classen wären abzutheilen, so könnte man zu einem System gelangen. Es giebt eine Physiognomik, es giebt eine Graphologie, aus den Mienen und aus den Händen sucht man die Seelen zu lesen; warum soll uns eine Lehre vom Gange fehlen? In den Dienst der moralischen Kraft könnte man sie stellen; da müßte sie helfen. Oft beklagen wir, mit allen guten Wünschen und ernstlichen Vorsätzen über Launen und Trübungen des Gemüthes nicht Herr zu werden; wir entschließen uns, dem darfst du dich nicht so hingeben, aber es nützt nichts, es überwächst uns doch; oft wollen wir uns nicht entmuthigen lassen und doch sinken uns die Flügel herab. Die abstrakten Mahnungen und bloßen Ansprachen unserer Vernunft sind eben nicht stark genug. Würden wir sie jedoch in unsere Füße leiten, so hätten sie eine helfende Gewalt gewonnen. Wir dürfen uns nicht genügen zu sagen: sei getrost und fasse dich, sondern wir wollen uns dazu erziehen, daß wir wissen, welcher Gang tröstend, anfassend und bestärkend ist, und es in der Uebung haben, ihn anzuwenden. Für jeden besonderen Fall müßte der Hygiene des Gemüthes ein besonderer Gang zugewiesen werden. Unsere edle Sprache, die tiefer denkt, als ein Mensch ahnen kann, und die Summe aller Weisheiten birgt, scheint das anzudeuten, wenn sie sagt: Kopf hoch! Dem Heben des Kopfes entspricht ein tapferer und aufrechter, auf den Fersen ruhender Gang, der schon alle Traurigkeit vertreiben wird. Musik, diese Königin der Füße, könnte so walten; wer neue Gefühle in die Menschheit bringen will, würde damit beginnen, neue Tänze anzustimmen. Besonders aber sollten die Schauspieler es achten. Man müßte sie lehren, daß jeder Gestalt ihr eigener Gang zukommt. Sie müßten trachten, aus jedem Wesen den Gang zu holen, der ihm gebührt; ihn müßten sie vor allem suchen, wenn sie daran sind, eine Figur zu schaffen. Wie sie sich jetzt zuerst um die richtige Maske bemühen, die aber dann oft auf einem ganz anders gehenden Leibe sitzt, so wären sie dann zuerst um den richtigen Gang besorgt, der von selber aus sich Haltung, Miene und Ton bestimmen würde. Alle sind einig, daß der Schauspieler gestalten muß; aus ihm sollen die Gedanken des Dichters Fleisch und Bein annehmen. Aber wie mag er das beginnen? Es hat eine Zeit gegeben, Lavater hat sie verschuldet, wo die Schauspieler an den Menschen nur die Nase betrachteten; durch charakteristische Nasen zu wirken eiferten sie um die Wette. Hatte einer nur einmal die Nase seiner Rolle gefunden, um den Rest war ihm nicht bange; das andere fügte sich leicht an. Bald wurden jedoch diese zu starren Masken beschwerlich; mit den so beweglichen, veränderlichen Rollen der modernen Stücke, die es vermeiden, fertige Menschen zu bringen, sondern uns vorführen wollen, wie die Seelen werden, wachsen und wechseln, konnten sie sich nicht vertragen, dazu waren sie nicht geschmeidig und behende genug. Die „guten Masken" kommen in Verruf; den Ton der Rolle sucht man jetzt. Es wird Mode, ungeschminkt mit seiner natürlichen Miene zu spielen; ja den Bart lassen sich manche wachsen. Nur die Stimme soll charakterisieren. Warum ist niemand noch weiter gegangen und auf den Gedanken gekommen, mit dem Gange zu charakterisieren! Wie muß Claudius, wie muß Hamlet gehen? Könnte man nicht schon im Gange den ganzen Claudius, den ganzen Hamlet zeigen? Dieses Experiment möchte ich den Schauspielern empfehlen, aber es scheint, daß sie eben auch zu wenig spazieren gehen.

Das ewig Weibliche.

Wer einen Mann erkennen, sein Wesen einsehen will, soll die Frauen betrachten, die er liebt. Das ist tiefer zu nehmen, als es jetzt gewöhnlich gemeint wird. Gewöhnlich meint man damit nur, daß die Frau, die er liebt, den Geschmack des Mannes, sein Gefühl von Schönheit, so vage alle Neigungen seines Geistes ausdrückt. Aber sie drückt mehr aus. Sie drückt das letzte Räthsel seiner Existenz aus, ob man es nun seine Idee oder sein Element oder sein Princip nennen mag, eben das, was nur ihm allein gehört und ihn, von den anderen trennend, individuell macht· Sie ist seine Formel und stellt die Dominante seiner sämmtlichen Gesten oder Werke dar. Das Verhältnis, das er zur Welt, zu allen Dingen hat, sonst verhohlen, wird in ihr Form und Manifest und in ihr nimmt seine Seele Gestalt an, so daß er nun sich selber anschauen, aber auch, glücklicherer Narciß, umfangen darf. Das ist das Wunder der Liebe und das ist die große Förderung, die Heiligung, die sie giebt, so daß der Mann ohne sie seine beste Pflicht, seinen reinsten Wunsch versäumen würde und nie reifen könnte. Es drängt ihn, sich zu suchen, den Kern seiner Natur aus den vielen Hüllen und Häuten zu ziehen und sich zu besinnen, was denn zuletzt der Trieb, die Absicht, der Wert seiner Geberden, seiner Thaten ist. Das wird ihm nicht leicht zu finden, weil allerhand Mächte, Umgebung, Erziehung, Erfahrung, so stark, daß man sie eine Zeit, in der Mode vom Milieu, für die einzigen Bestimmungen des Menschen nehmen konnte, es trüben, stören und drücken; sie ängstigen ihn, sich zu verlieren. Ja, auch die eigene Fülle selbst, die aus seiner Natur wächst, dieses innig bunte Blühen aus sich, ist nicht weniger gefährlich, weil im Schatten zu üppiger Kelche, überwuchernder Kronen die arme Wurzel, von der doch alles kommt, zuletzt zu ersticken droht. Wie soll er sich helfen? Aber dazu wurde dem Manne das Weib gegeben, als eine stete Mahnung an sein Wesen, so daß er sich nicht vergessen kann. Was sonst der Mann nur in jäh verlöschenden Extasen ahnt, sein Innerstes giebt ihm die Frau erst zum ruhigen, sicheren Besitze und in das Dunkel des Lebens stellt sie ihm so ein ewiges Licht. Man möchte sie darum wohl, ein Wort des Tertullian verkehrend, die Pforte zum Himmel nennen, da er nur durch sie erst zur eigenen Besonnenheit und Verklärung eingehen darf, und in diesem Sinne ist gesagt worden: das ewig Weibliche zieht uns hinan!

Diese Meinung von der Frau ist gar nicht neu. Zwar die Alten kannten sie nicht; sie haben, scheint es, ähnliches nur an Knaben gespürt, die ihnen die Mittel des Mannes waren, sich an einfacheren, klareren, noch unentfalteten Naturen im Ganzen anzuschauen.

Aber seit Dante und den Troubadouren über Shakespeare bis Goethe und zur Romantik ist die Frau dem Manne die große Helferin gewesen, zu sich zu kommen, aus dem Täglichen ins Ewige, und es wurde beinahe vergessen, daß diese so metaphysische Sache, die die Frau war, doch auch, um uns zu erscheinen, ein Mensch sein muß, mit menschlichem Leib und allem Menschlichen sonst, und daß Melusine unten ein Fisch ist. Als man es dann gewahrte, kränkte man sich sehr, schämte sich und, statt es gelassen hinzunehmen, da es doch in der Natur des Irdischen liegt, das immer, wie geistig es sein mag, es nur im Leiblichen, mit der Maske der Erscheinung, sein kann, wurde man böse und es kam jene moderne Literatur vom Weibe, von der man nicht sagen kann, daß sie nicht wahr ist, aber die nur ein Stück der Wahrheit, nicht die ganze, und so lächerlich in ihrer Entrüstung über das Natürliche ist: man sah nur noch den Fisch an Melusinen. Das Weib hieß nun „le grand vase des iniquités et des crimes, le charnier des misères et des hontes,“ wie Huysmans gesagt hat; es wurde, was gar nicht erst zu beweisen war, heftig bewiesen, daß es ein Thier ist; und nur noch unter den gemeinen Stimulanten ließ man es gelten, neben Cognac, Tabak und Absynth, als donneuse de plaisir. Das Amt der Frau konnte diese ganz an die Sinne verlorene Zeit nicht mehr verstehen, das eben ganz jenseits der Sinne ist.

Erst Barrès, mit dem überhaupt in allem die große Wendung beginnt, kehrte, indem er die Berenice schuf, zum Gefühl des ewig Weiblichen zurück und so malte Khnopff Frauen als Seelen. Andere folgen jetzt. Und Beatrice, die lange gefangen lag, darf wieder lächeln.

* * *

Ein junger Franzose, Herr Andre Maurel, hat ein Buch „Marsyas"*) geschrieben, das einen edlen, aber ungewissen und wankenden Jüngling, den Launen schütteln, ohne daß er sich an verläßliche Gefühle halten könnte, zwischen zwei Frauen zeigt, indem der Taumelnde weder mit einer allein noch mit beiden zusammen noch ohne sie leben will noch kann und sich in solcher Noth der unberathen lechzenden Seele schon gar nicht mehr zu helfen weiß. Die eine ist die so kluge als schöne Valerie, weise, fast gelehrt, in den Pausen der erotischen Krämpfe die feinsten Fragen mit Freiheit erörternd, auch in Extasen immer noch bewußt, ganz nur Kunst, ganz nur Cultur; so giebt sie ihm, was je ein Mann vom Weibe an Schönheit, Anmuth und Vernunft begehren kann, aber er wird inne, daß er noch mehr begehrt, irgend etwas, das sie ihm nicht geben kann. Die andere ist die sanfte Agnes, so milde, so herzlich, so gütig, im Banne unbedachter Triebe, ganz nur Gefühl, ganz nur Natur; sie giebt ihm, was je ein Mann vom Weibe an Demuth, Unschuld und Leidenschaft begehren kann, aber er wird inne, daß er noch mehr begehrt, wieder etwas, das sie ihm nicht geben kann. So will er von keiner lassen und keine kann ihn doch halten, keine genügt ihm allein;

---

*) Paris, bei Alphonse Lemerre.

er glaubt beide zu lieben, und versucht es, mit beiden zu leben, als ob er sie gleichsam addieren könnte, und auch das geht nicht. Statt sich zu ergänzen, stören sie sich nur und die ewigen Verwandlungen, die sie von ihm verlangen, indem er sich bald in die Unschuld der einen, bald in die Vernunft der anderen schicken soll, statt ihn zu befriedigen, verwirren ihn ganz, ermüdend, nicht beruhigend. Er sieht, daß er wählen muß, und fühlt, daß er nicht wählen kann. Sein Freund Panurge, jener Raisonneur, räth ihm, mit den zwei Frauen zu reisen — seuls, dans un pays nouveau pour elles et pour toi, offrant les ressources nécessaires à chacune pour se mettre en valeur, c'est-à-dire Art et Nature ..... toi laissant agir le charme de chacune sur ton âme désorientée, elles vibrant aux émotions de l'heure, émotions pures et neuves, selon le hazard des séjours, hasard combiné pourtant ponr que les chances fussent égales; da würden ihre Instinkte unverkümmert aufblühen und er könnte wählen, welche Frau er braucht, weil er endlich finden könnte, welcher Mann er ist. Und die Geschichte dieser Reise zur Entdeckung einer Seele, durchs südliche Deutschland, von Cöln über Frankfurt und Bayreuth nach Berchtesgaden, bis vor den großen Bergen die Natur der Agnes über Valeriens Kunst siegt, ist der Roman.

Man wird leicht gewahr, was das Schöne und, wenn man an den üblichen Trab der anderen hinter Bourget denkt, Merkwürdige an ihm ist: daß er die Frau nicht als eine sinnliche oder nervöse, sondern wieder als eine höchst geistige, ja man möchte beinahe sagen: geistliche Angelegenheit nimmt, die den Mann auf sich selber, zu seinen Tugenden führen und so erst die eigentlichen Absichten der Natur mit ihm durchsetzen soll. Möglichkeiten in der Seele des Michel, die wirklich werden wollen, sind die zwei Frauen, Valerie ein Trieb zur Pracht der Kunst, Agnes der zur natürlichen Unschuld, und die Wahl zwischen ihnen ist seine Entscheidung über sich selbst, aus Neigungen zum Werke. So darf der Roman sich rühmen, das Amt der Frau zu kennen; nur läßt er sie es freilich auf eine etwas wunderliche Art verwalten, die nicht wahr ist.

Die Valerie soll das Künstliche in der Seele des Michel, die Agnes das Natürliche darstellen. Das thut er nun so, daß er Valerie künstlich, Agnes natürlich sein läßt. Er meint also, die Frau drücke das Wesen des Mannes aus, indem sie sein Wesen hat. Er irrt. Das Wesen, das dem eigenen gleicht, giebt einen Freund ab, nicht die Geliebte. An ihr ist es, nicht das Wesen des Mannes, sondern die Form zu haben, die dieses Wesen verlangt. Die Frau soll außen scheinen, was der Mann innen ist, so daß er sich an ihr anschauen kann. Valerie könnte das natürlichste Mädchen und würde für Michel doch das Künstliche sein, wenn sie nur eine aus Unwirkliche streifende Verfeinerung in ihrer Form, etwa etwas maskenhaftes in der Miene hätte. Wenn ein Mann auf Größe und Leidenschaft angelegt ist, so gilt es ihm nicht, eine Frau von großem und leidenschaftlichem

Wesen zu finden, sondern eine, die, wie gelassen, ruhig und gering sie selber im Gemüthe sein mag, die Form von Leidenschaft und Größe, sei es in einer Geberde, sei es im Schritte, sei es im Tone hat. Ein Mann von eblem Wesen kann seine Unschuld in einer verdorbenen Dirne schauen, wenn sie nur etwa um den stillen Mund den Zug von Unschuld hat, den er braucht. Die Frau drückt die Seele des Mannes dadurch aus, daß sie die Linie hat, in der sein Wesen ist. Sie soll die zu seiner Art, sich zu den Dingen zu verhalten, gehörige Art, sich bei den Dingen zu halten, haben. Er will an ihr das äußere Lächeln seiner inneren Stimmung sehen. Man merkt, daß das Letzte, Eigenste und Tiefste von Rossetti, das er mit aller Kunst nicht aussprechen konnte, für ihn in der schweren Tracht der buschigen Locken war, die er nach seiner Elisabeth Sibbal immer wieder zu malen sich nicht sättigen konnte. Man erinnert sich, daß dem Dante nichts heiliger war als der Gruß der Beatrice, il suo dolcissimo salutare, nel quale stava tutta la mia beatitudine, und er hat im elften Capitel eigens seine milde Macht beschrieben; offenbar hatte sie gerade in ihrer Art, grüßend den Kopf zu neigen, in dieser demüthig zärtlichen und vor bange verhaltenen Gefühlen fast brechenden Linie die Form seines Wesens.

* * *

Vielleicht fängt jetzt eine neue Literatur vom Weibe an. Die Großen stellten sein Amt dar, den Mann zu deuten. Dann stellten die Kleinen dar, daß es ein Thier ist. Es ließe sich jetzt darstellen, wie unheimlich es ist, daß die Leuchte des Lebens, die die Frau ist, von einem Thiere getragen wird; ja, man könnte damit wohl das eigentliche Räthsel des Daseins treffen, wo immer das Ewige zufällig, das Unendliche im Endlichen, Geistiges leiblich erscheinen muß. Jean Dampt hat das in seiner Statue vom Ritter Raymondin und der Melusine ausgedrückt, die in diesem herrlichen zweiten Hefte des Pan abgebildet ist: der Ritter nimmt von ihren Lippen die Worte des Lebens und sie ist doch ein Fisch. Es möchte reizen, das auch in Worten auszubrücken, an einem Weibe, das den Muth und die Unschuld hätte, ganz Weib zu sein, für jenen einzigen die gute Fee, mit allen anderen ein munterer Fisch, wie Beatrice allen irdisch gehören, aber nur den einen so himmlisch grüßen kann.

Der Garten der Erkenntnis.

Schopenhauer hat über Wachsfiguren gesagt: „Statt daß das wahre Kunstwerk uns von dem, welches nur Ein Mal und nie wieder da ist, d. i. dem Individuo, hinleitet zu dem, was stets und unendliche Male, in unendlich Vielen da ist, der bloßen Form oder Idee, giebt das Wachsbild uns scheinbar das Individuum selbst, also das, was nur Ein Mal und nie wieder da ist, jedoch ohne das, was einer solchen vorübergehenden Existenz Wert verleiht, ohne das Leben."

In diesem „Hinleiten vom Individuo zur Idee", das sonst heute gar nicht versucht wird, scheint mir die Bedeutung eines kleinen Tractates von Leopold Andrian zu sein, der „der Garten der Erkenntnis"*) heißt. Er erzählt die Geschichte eines österreichischen Jünglings, der das Leben um seinen Sinn fragt und „die Lösung des Geheimnisses vom Leben" sehr heftig verlangt. Er gehört zu jenen Goetheischen Menschen, die „das Leben quält, weil ihnen eine Magnetnadel fehlt". Diese Magnetnadel sucht er.

Er wird uns zuerst im dumpfen Sein des Kindes gezeigt, das sich noch gar nicht und keine Trennung von den Dingen fühlt, sondern mit ihnen einig dahin lebt und noch an der Nabelschnur der Natur ist. „Die Dinge der äußeren Welt haben ihm den Wert, den sie im Traume haben; sie sind Worte einer Sprache, welche zufällig die seine ist, aber erst durch seinen Willen erhalten sie Bedeutung, Stellung und Farbe." Das wird erst anders, als er ins Convict zu dreißig Kameraden kommt, „von denen jeder seine Aufmerksamkeit erzwingen und in sein Leben eingreifen kann". Nun fühlt er das erste Mal das Andere, das Fremde, das Draußen und muß es als eine feindliche, tückische und böse Macht fühlen. Es geht ihm wie dem jungen Wilhelm Meister: er „möchte die Menschen, die nur zu seinem Verdrusse da zu sein schienen, vertilgen"; aber sie sind kräftiger. Er geräth in jenen Zustand, den Maurice Barrès so

---

*) Berlin, S. Fischer 1895.

energisch ausgedrückt hat, der Erbitterung und Wuth
gegen alles, was nicht er, was anders als sein Ich
und so diesem gefährlich oder doch schäblich ist —
Barrès hat es die „Barbaren" genannt. Der Held
des Barrès flieht vor ihnen in eine retraite méthodique
et féconde, um sich da einem „contemplativen Dilettan=
tismus" zu ergeben. Die meisten Kinder fliehen vor
ihnen in Indianergeschichten, Romane, Abenteuer;
eine imaginierte Welt soll sie vor der wirklichen
schützen. Dieser österreichische Jüngling flieht in den
Glauben an ein zukünftiges Leben in Gott, mit einer
großen Neigung für sanfte Congreganisten, für medi=
tierende Patres, für die Functionen in der Kirche.
So möchte er sich vor der Welt verstecken.

Es ist natürlich, daß ihm daß nicht gelingen
kann: das Leben bringt, wie er sich wehren mag, von
allen Seiten auf ihn ein und beginnt seine großen,
tiefen, unheimlichen Reize zu üben. Verwundert wird
er gewahr, daß dieses so fremde, so gefährliche, so tückische
Leben Versuchungen und Verlockungen für ihn hat,
die ihn gewaltsam bethören. Was er vom Leben
um sich, neben sich hat, ist ihm freilich noch nichts,
aber ferne winkt es ihm seltsam zu und ferne muß,
wenn er nur erst weit genug bringen würde, ferne
muß, das fühlt er unwiderstehlich, etwas Herrliches
sein, das ihm erst alles deuten wird, und nach biesem
hat er einen ungeheuren Drang und eine ungeheure
Angst, daß er es versäumen könnte, und mit dieser
Angst rennt er jetzt dahin, suchend, wo denn der
Schlüssel zum Räthsel des Daseins ist. Bald hofft

er es von gewissen geheimnisvollen Dingen, die man ihm verboten hat, aber wenn er sich ihnen nähert und nach ihnen greifen will, sind sie plötzlich nichts; bald scheint es ihm im Unscheinbaren und Geringen, das ihn dann unsäglich rührt. So ist er „wie ein Jüngling in der Höhle, in der sich alle Schätze der Welt zu verschiedenfarbigen Erden verzaubert befinden; das eine Wort, das sie verwandelt, wird ihm ein gottesfürchtiger Greis sagen; aber er darf in der Höhle nur wenige Augenblicke bleiben und weil er das Wort nicht weiß, so weiß er nicht, mit welchen Erden er sich beladen soll, denn alle sind ähnlich, obwohl die einen Metalle geben und andere Bernstein und Perlen, und andere Onyx, Jaspis und Chrysopras, und manche Topase, und einige Smaragde und Rubine, und einige Diamanten, und einige Saphire, und einige andere die Opale, die er so sehr liebt."

So kommt er allmählich dahin, den Sinn des Lebens nicht mehr im Einzelnen, sondern im Ganzen zu suchen und die Einheit aller Dinge zu spüren. Allahs Namenhundert geht ihm auf —

„In tausend Formen magst Du Dich verstecken,
Doch, Allerliebste, gleich erkenn' ich Dich;
Du magst mit Zauberschleiern Dich verdecken,
Allgegenwärt'ge, gleich erkenn' ich Dich" —

er ist nun so weit wie der reife Goethe: „Willst Du Dich am Ganzen erquicken, mußt Du das Ganze im Kleinsten erblicken". Nur sich selber stellt er noch nicht ins Ganze. Selber steht er noch vor dem Leben mit der Bewunderung eines Zuschauers vor einem Schauspiele.

Er ahnt den Sinn des Lebens, aber er weiß noch nicht, daß auch er selber zum Leben gehört. Sich selber bezieht er in die ungeheure Einheit der Schöpfung noch nicht ein. Er muß erst noch lernen, daß auch er selbst nicht anderes ist, als die Dinge sind, daß das Ich und die Welt dasselbe nur auf verschiedenen Stufen der Phänomenalität sind, daß draußen nichts, als was auch in ihm geschieht. Dann erst ist er am Ende und dann muß er sterben: denn das Leben ist ja nichts als Absonderung vom Ganzen ins Einzelne. Wer zur Erkenntnis und wieder zum Ganzen gekommen ist, der hat das Schicksal erfüllt.

Ein neuer Dichter.

Es giebt Leute, die einem die gescheitesten Sachen so sagen, daß man nichts davon hat. Sie mögen Stunden lang reden, es bleibt stille in uns. An feinen Worten lassen sie es nicht fehlen, doch sprechen sie immer bloß den Verstand an, unsere Seele hört nicht zu. Aber dann sagt plötzlich jemand hinter uns: Wollen Sie ein Stückel Zucker oder zwei? Und siehe, plötzlich horchen wir auf, es wird in uns lebendig und wir wissen, daß wir diese Stimme nicht mehr vergessen werden. Es giebt Leute, die guten Tag so sagen, daß wir dabei ihre ganze Natur, ihr ganzes

Wesen zu vernehmen glauben; in allen Worten lassen sie ihre Seele mitreden. Man sagt von ihnen: sie haben eben ihren eigenen Ton. Was das aber eigentlich ist, weiß niemand. Man glaube nicht, daß es von der Kraft oder Schönheit einer Stimme kommt. Nein, sehr schönen und warmen Stimmen kann der eigene Ton fehlen, heisere und dünne haben ihn. Man erinnere sich, was man oft auf der Bühne sieht. Da sehen wir oft junge Schauspieler sich mit Anstand, Takt und Geschmack bewegen, sie haben alle Mittel, sie sprechen gut, nichts möchte man anders haben, wir müssen sie loben und sind doch sogleich gewiß, daß aus ihnen niemals ein großer Schauspieler wird. Andere Anfänger beleidigen durch Unarten und excessive Geberden, sie können nicht gehen, sie schreien rauh oder schrill, sie betonen falsch und doch fühlen wir, daß in ihnen ein Künstler steckt. Sie haben eines vor jenen voraus: man hört ihnen zu. Man kann sie vielleicht nicht ausstehen, man mag sie hassen, ja verabscheuen, aber man hört ihnen zu. Treten sie auf, so wird es still, alle lauschen, man hört ihnen zu. Man sagt dann auch wieder: sie haben eben ihren eigenen Ton. Das heißt, ihre Seele, ihre Natur, ihr Wesen oder wie man das nennen will, was den besonderen Menschen ausmacht, ist so stark, daß es gleich in jede Geberde, in jedes Wort, ja in jeden Schritt bringt und in den letzten Spitzen ihrer Aeußerungen noch vernehmlich ist. Je länger man über die Kunst nachdenkt, desto gewisser wird es einem, daß das allein in allen Künsten das Entscheidende ist. So einen eigenen Ton zu haben, das ist alles. Wer seinen eigenen Ton hat, den wird man einen Künstler nennen dürfen. Es ist dann erst noch die Frage, ob er seine Kunst auch ausüben kann, und diese Kunst kann eine gute oder eine schlechte sein, indem sie unsere Cultur fördert oder hemmt; das wird dann seinen Wert bestimmen. Aber ein Künstler ist er immer, wenn er die Kraft hat, in jeder Bewegung sein ganzes Wesen herzugeben. Das ist auch das Einzige, was man nicht lernen kann. Man kann sich einen eigenen Ton nicht machen, wie man sich schöne Augen nicht machen kann. Alles andere ist heute zu haben. Jeder gebildete Mensch kann heute dahin gebracht werden, einen Gedanken oder ein Gefühl in Versen angemessen auszudrücken oder die Zustände seiner Welt in einem Romane gerecht zu schildern. Solche Bücher erscheinen jetzt jede Woche. Man kann nichts an ihnen tadeln, sie haben keine Fehler, es ist alles in Ordnung. Nur hüte man sich, ihnen zu nahe zu kommen; man darf nicht intim mit ihnen verkehren wollen: sonst wird man erschrecken. Es geht einem dann, wie wenn man sich durch eine Wachsfigur täuschen läßt. Diese Figur sieht ganz wie ein lebendiger Mensch aus, trägt wirkliche Kleider, hat wirkliche Haare und sitzt mit der größten Natur da. Läßt man sich jedoch täuschen und faßt sie an der Hand, so erschrickt man: sie ist kalt und starr und hat kein Leben. So sehen jene Bücher aus, als ob sie wirklich wären, und nehmen mit der größten Natur die Haltung von Kunstwerken an, aber man darf sie nicht anfassen, man darf sie nicht umarmen wollen. Sonst fühlt man, daß sie nur Wachs sind und kein Leben haben.

Vor einigen Tagen ist bei S. Fischer in Berlin ein Buch von einem Herrn Peter Altenberg erschienen, das „Wie ich es sehe" heißt. Wenn ich mich besinne, was denn wohl eigentlich an diesem Buche so ungewöhnlich stark auf mich gewirkt haben mag, so kann ich es nur mit diesem Worte sagen: es hat durch und durch einen eigenen Ton. Diese Stimme haben wir noch nie vernommen; hier spricht jemand, den wir nicht mehr vergessen können. In seinem Munde wird jedes Wort neu und lebt auf; wir glauben es zum ersten Male zu hören. Es ist nicht mehr irgend ein Wort, das allen gehört, eines von den vazierenden Worten der Journalisten, das jedem zuläuft; es ist sein Wort geworden, seine Seele hat es sich angeeignet und giebt es nicht mehr her. Das wirkt so ungewöhnlich an diesem Buche. Nach und nach faßt man sich freilich und erinnert sich, daß das ja eigentlich gar nichts besonderes, sondern immer bei allen Dichtern so gewesen ist.

Das Buch enthält lauter kleine Scenen, keine über fünf Seiten, einige nur ein paar Sätze lang. Sie spielen in Wien und auf dem Lande; ihre Menschen sind immer Wiener, so wienerische Wiener, daß man unter uns leben muß, um an sie glauben zu können. Es ist aber schwer zu sagen, was sie mit diesen Menschen thun. Schildern sie sie? Nein, sie nennen kaum ein paar Nuancen: ein Band am Hute der Gestalt, und wie sie den Sonnenschirm hält, und eine

Blume die sie pflückt; aber es genügt, um sie uns einen Moment lang so grell wie unter einem Blitze sehen zu lassen, und schon ist sie fort, nur ein leiser Geruch bleibt übrig. Erzählen sie etwas von ihnen? Nein, Erzählungen sind es auch nicht, keine drastischen Begebenheiten, in denen ein Mensch mit seinem Schicksal zusammenstößt. Zwei junge Leute gehen über eine Wiese, er ist schmachtend, sie spöttisch; oder Kinder plauschen; oder ein Mädchen fischt: das ist alles. Haben sie Pointen? Einige ja; aber diese scheinen aus der Art geschlagen und befremden. Gerade die unvergeßlichen sind ganz rein: sie sagen dem Verstande gar nichts. Also Gedichte in Prosa? Ja, kleine, sanfte, kosende Gedichte von einer unbeschreiblichen Rührung. Rührung, das ist das Wort für sie. Diese Menschen sind gerührt und schmachten. Sie haben alle etwas von Bräuten: sie harren, bange möchten sie fast weinen, aber es ist doch schön. Bräute, das drückt ihre Stimmung aus: sie sind Bräute des Lebens. Wunderbar haben sie sich geschmückt, nun sitzen sie da und warten, das starke Leben zu empfangen; von Scham, Angst und Lust sind sie wirr. Aber sie warten umsonst, das Leben kommt zu ihnen nicht. Dieses bräutliche Harren auf das Leben stellt er dar. Er ist der Dichter der Menschen, die kein Schicksal haben, weil sie es sich nicht nehmen. Ihnen fehlt der Muth, ihren Leidenschaften nachzuspringen und das Leben an sich zu reißen. Sie sitzen bange da und warten schön, ob sie das Leben nicht abholen wird. Sie gehen nicht in ihr Schicksal; es soll über sie kommen. Aber es kommt nicht. Sie warten umsonst. Davon sind sie nach und nach so müde und matt und traurig geworden, nun glauben sie es schon beinahe selber nicht mehr, aber es ist zu spät. Ihnen ist versagt, sich ihren Theil zu nehmen; was ihnen nicht geschenkt wird, mögen sie nicht. Mit dem Andrea des Loris müßten sie rufen: „O, wie ich sie beneide um ihr Wollen!"

Diese altösterreichischen Menschen, die nichts erleben können, stellt der neue Dichter mit einer unbeschreiblichen Güte dar. Wie kranke Kinder hegt er sie, seine Augen sind naß, er weiß, daß sie im Sterben liegen. Der Tod hat sie schon angerührt, von seinen Händen sind sie so weiß, sie schauen schon hinüber. Wunderlich irre und tief reden sie dann; sie erkennen sich jetzt, nichts schmerzt sie mehr, es muß ja sein. Und siehe, da erblicken sie eine helle Schar von harten und gewaltsamen Gestalten vor sich, die singend in den Kampf mit dem Leben gehen. Ihnen winken sie zu und lächeln noch einmal, weil sie nun doch nicht umsonst gewartet haben: denn ihre Sehnsucht hat ein neues Geschlecht geboren, das erobern wird, und noch dürfen sie Fortinbras grüßen, der einzieht.

Das ist mir das liebste an dem Buche des Dichters: er läßt uns in der Ferne ein neues Oesterreich sehen. Noch einmal trägt er alle Schätze zusammen, die wir von uns wegwerfen müssen; aber er hat den Muth, von ihnen Abschied zu nehmen. Am schönsten hat er das in der kleinen Geschichte von dem Kinde, das angelte, gethan:

„Das Fischen muß sehr langweilig sein, sagte ein Fräulein, welche davon so viel verstand, wie die meisten Fräuleins.

Wenn es langweilig wäre, thäte ich es ja nicht, sagte das Kind mit den braunblonden Haaren und den Gazellenbeinen.

Sie stand da mit dem großen, unerschütterlichen Ernst des Fischers. Sie nahm das Fischlein von der Angel und schleuderte es zu Boden.

Das Fischlein starb — — —.

Der See lag da, in Licht gebadet und flimmernd. Es roch nach Weiden und dampfenden verwesenden Sumpfgräsern. Vom Hotel her hörte man das Geräusch von Messern, Gabeln und Tellern. Das Fischlein tanzte am Boden einen kurzen, originellen Tanz wie die wilden Völker — — — und starb.

Das Kind angelte weiter, mit dem großen, unerschütterlichen Ernst des Fischers.

Je ne permettrais jamais, que ma fille s'adonnât à une occupation si cruelle, sagte eine Dame, welche in der Nähe saß.

Das Kind nahm das Fischlein von der Angel und schleuderte es wieder zu Boden, in der Nähe der Dame.

Das Fischlein starb — — —. Es schnellte empor und fiel todt nieder — — — ein einfacher sanfter Tod! Es vergaß sogar zu tanzen, es marschierte ohne weiters ab — — —.

Oh — — — sagte die Dame.

Und doch lag im Antlitz des grausamen, braunblonden Kindes eine tiefe Schönheit und eine künftige Seele — — —.

Das Antlitz der edlen Dame aber war verwittert und bleich —.

Sie wird Niemanden mehr Freude geben, Licht und Wärme —

Darum fühlte sie mit dem Fischlein.

Warum soll es sterben, wenn es noch Leben in sich hat —?!

Und doch schnellt es empor und fällt todt nieder — — — ein einfacher, sanfter Tod.

Das Kind angelt weiter, mit dem großen unerschütterlichen Ernst des Fischers. Es ist wunderschön, mit seinen großen, starren Augen, seinen braunblonden Haaren und seinen Gazellenbeinen.

Vielleicht wird es auch einst das Fischlein bemitleiden und sagen: Je ne permettrais jamais, que ma fille s'adonnât à une occupation si cruelle — — —!

Aber diese zarten Regungen der Seele erblühen erst auf dem Grabe aller zerstörten Träume, aller getödteten Hoffnungen — — —.

Darum angle weiter, liebliches Mädchen!

Denn, nichts bedenkend, trägst du noch dein schönes Recht in dir — — —!

Tödte das Fischlein und angle!" —

Das Beste, das wir in uns spüren, wir neuen Leute in Oesterreich: unsere Verehrung der harten, in heiterer Schönheit waltenden Kraft finde ich durch diese lieblich grausame Gestalt ausgedrückt.

Lyrisches.

Neulich haben hier zwei junge Leute eine Vor=
lesung gehalten. Herr Christomanos begann, ein
Grieche, der seit einiger Zeit unter uns lebt, derselbe,
der jetzt die prachtvollen Berichte über die olympischen
Spiele geschrieben hat. Es war seltsam, wie er las.
Er ist von geringer, zaghafter, ja man möchte sagen:
ärmlicher Gestalt, kränkelnd und wie wenn ihn immer
frieren würde, anzusehen; traurig scheint es von seiner
müden, ergebenen, oft schmerzlich zuckenden Miene und
man hat ein Gefühl, als ob er ein blasses, hinkendes
Mädchen wäre, das man in die Arme nehmen und
streicheln und schützen möchte. Leise, ganz leise, wie
beichtend ist seine Stimme. Nun steht er oben und
fängt scheu, bemüthig und doch feierlich an. Und siehe,
alle neigen sich ihm zu, kein Wort fällt ab, jedem
stillen Wink der Rede folgen sie, so innig lauschen
alle gleich und strecken sich vor und sind in seinem
Zauber. Alle Hörer beherrscht er gleich. Wie von
einer süß gewaltigen Melodie sind sie hingezogen.
Ich habe lange keinen so verlockenden, so bethörenden
Redner vernommen.

Ist er dann fort und weicht die Beklemmung,
die Verzückung allmählich von uns, so fragen wir

uns, wie er das wohl eigentlich „macht". Was hat er denn, uns so lieblich einzufangen? Was mag denn an ihm sein, das ihm solche Kraft giebt? Und wir denken zurück, ob es denn so große, wunderbare Dinge sind, die er uns gebracht hat. Nein, er sagt doch nur unsere täglichen Empfindungen aus, nichts als die kleinen und zutraulichen Gefühle aller Menschen, die jeder hegt, die Freude an einer Blume und an der leuchtenden Sonne; gar nichts Gewaltiges, nichts Seltenes oder Theueres ist dabei. Es sind die ewigen alten Dinge, aber wenn er sie sagt, scheinen sie einen neuen Glanz, eine Anmuth, eine Würde zu bekommen, die wir ihnen nicht mehr zugetraut hätten. Er spricht nämlich wie einer, der die Welt zum ersten Male erblickt. Das ist es. Wenn er sagt, daß die Veilchen blau sind, so sagt er es mit einem solchen Erstaunen, einem solchen Entzücken, als würde eben jetzt vor ihm zum ersten Mal das erste Veilchen aufsprießen und er stünde frohlockend, bewundernd, lobpreisend dabei. Diese Jugend seiner Sinne ist das Herrliche. An seiner Hand gehen wir wie arme Stadtkinder, die zum ersten Mal auf eine blühende Wiese, in den rauschenden Wald hinausgeführt werden: ihnen ist jede Birke ein Abenteuer, jede weidende Ziege ein Wunder und wenn der Wind die Wipfel biegt, glauben sie schon den lieben Gott zu hören. Solche Kinder, so erstaunt und dankbar, läßt er uns wieder werden. Einst sind wir es alle gewesen, damals haben wir die Hoheit aller Dinge gespürt und daß nichts, wie niedrig es scheinen mag, verächtlich ist: jede Farbe, jeder Strahl war uns damals eine Gnade, ein Geschenk, jauchzend schauten wir die Erde an. In diese Unschuld führt er uns zurück. Das Alter nimmt er uns ab, die Last der vielen Erfahrungen und schweren Gedanken, die Müdigkeit, die schon alles weiß. Mit ihm entdecken wir noch einmal die Welt. Wir erinnern uns nicht mehr, wir haben alles vergessen, Kinder sind wir wieder mit ihm.

Und noch etwas: er hat Musik in sich. Es ist merkwürdig: er sucht nicht ferne und besondere Worte auf, aus der Nähe nimmt er, was gerade da ist, aber in seinem Munde fängt es zu klingen an. Wie er die Worte in Sätze bindet, scheinen ihnen Schwingen anzuwachsen, rauschend schwärmen sie empor. Trennt man seine Rede auf, so sieht man, daß ihre Worte ungewählt sind; aber er bläst ihnen die Musik seiner Seele ein, diese trägt sie hinauf. Davon haben wir das köstliche Gefühl, als ob zu ihnen immer wunderbar eine Harfe tönen würde.

Nach Herrn Christomanos hat dann Herr Paul Morisse gesprochen. Das ist ein junger Pariser der neuesten Schule. Er sieht eigentlich gar nicht aus, wie wir uns einen Franzosen denken. Nach seiner Haltung eines jungen Turners oder Radfahrers, den blasierten Blicken seiner hochmüthig matten Augen und den gelassenen, langsamen, nonchalanten Geberden würde man ihn eher für einen Engländer nehmen. Vielleicht ist das kein Zufall. Mit Fleiß scheint er vielmehr danach zu trachten; man glaubt zu merken, daß es ihm wichtig ist, unfranzösisch auszusehen. Dieselbe Generation, die sich in Deutschland französisch zu tragen und zu betragen sucht, liebt es ja, in Paris englisches Wesen und Unwesen nachzuäffen. Das mag befremden; ja man darf es lächerlich finden. Aber später wird man es vielleicht einmal als ein ernstes und wesentliches Zeichen der Zeit verstehen, der zugewiesen war, das Nationale in den Menschen auszuwischen und ein neues Volk der Europäer aufzuziehen.

Mit Eifer und Begierde hat man Herrn Morisse angehört: denn er ist ein Exemplar einer Jugend, die wir nicht kennen, aber lieben möchten, nur daß wir uns dazu nicht recht anzustellen wissen. Wir kennen die heutige Jugend der Franzosen nicht; oder eigentlich, wir kennen uns mit ihr nicht mehr aus. Es drängt uns, sie zu lieben, aber wir sind verlegen, wie wir es anfangen sollen. Wir möchten sie schon aus Dankbarkeit lieben, weil wir nie vergessen werden, was wir, die neuen Künstler hier und in Deutschland, den Franzosen schulden. Sie haben uns geholfen, die schlechte Zeit der Epigonen abzuthun. Von ihnen haben wir uns zehn Jahre lang die Argumente und die Losungen geholt. Ihre Werke sind unsere Muster gewesen. Ihnen verdanken wir es, daß wir erwachen und uns befreien konnten. Zehn Jahre lang ist in der Dichtung wie in der Malerei das Französische mit dem Modernen, ja dem Künstlerischen eins gewesen. Es wurde Sitte, unsere Künstler nach Paris zu schicken, wie man sie einst nach Rom geschickt hat. Von dort bekamen sie alle Winke. Dort hat jede Phase unserer Entwickelung begonnen. Den Franzosen folgend, konnten wir sicher sein, auf dem Wege zur

Kunst zu gehen; immer näher sind wir ihr so gekommen. Das vergessen wir ihnen nie. Damals haben wir uns angewöhnt, gläubig zur französischen Kunst zu schauen, und wir schauen immer noch hin. Aber jetzt sehen wir nichts mehr; es ist umsonst, wie wir spähen und lauschen. Man kann sagen: seit Camille Mauclair ist kein Franzose mehr aufgestanden, der uns etwas gegeben hätte. Neue Werke schicken sie uns oft, die wir nicht tadeln können; aber sie vermehren unser Gefühl der Kunst nicht; es ist ganz hübsch, daß sie da sind, doch würde uns ohne sie nichts fehlen. Durch manche Experimente verblüffen sie und mögen wohl, neue Strophen suchend, seltene Reime findend, der Entwicklung ihrer Sprache dienen. Aber uns bringen sie nichts. Wir nehmen sie hin wie schön verzierte Becher oder prächtige Waffen, die gefallen und vergnügen, aber doch nur zu unseren Sinnen sprechen, unserer Seele nichts zu sagen haben. Mit diesen Werken spielen wir gern und freuen uns; aber wir fühlen doch, daß wir nichts von ihnen haben. Kein eigener Ton ist da und kein neuer Ton ist da. So will es uns wenigstens aus der Ferne scheinen. Was wir die Franzosen jetzt suchen sehen, haben wir schon lange. Sie schicken sich jetzt an, deutsch zu dichten. Die alte Art der deutschen Poesie möchten sie sich aneignen. Das mag sie reizen, weil es in ihrer Sprache schwierig und gefährlich ist. Aber uns kann es nichts bedeuten, uns geben sie damit nichts und es kommt uns vor, daß wir selber im Wesen der Kunst jetzt weiter sind als sie. Noch können wir es kaum glauben. Nein, wir wollen es noch immer nicht glauben. Immer noch schauen wir, schon verzagend, nach Frankreich aus.

Darum hörte man Herrn Morisse mit Eifer und Begierde an. Er hatte einen neuen Dichter versprochen. Erst las er Baudelaire und Verlaine vor; dann hob er an, von Albert Samain zu erzählen. Diesen kannten wir noch nicht. Er ist sehr jung und hat erst ein Buch geschrieben: „Au Jardin de l'Infante"*). Das sind Gedichte von einer wunderlich stillen und innigen Weise. Sie haben etwas, das sonst die französische Sprache nicht einmal nennen kann, für eine rein deutsche Sache wird es gehalten: sie haben Gemüth; aber es ist nicht das deutsche Gemüth, das sie nachahmen, sondern indem sie es sich aneignen, wird es ganz anders. Es wird feiner, zierlicher, künstlicher; es wird eleganter. Das ist das Wort für sie: ein sehr elegantes Gemüth mit guten Manieren drücken sie aus. Idyllen möchten sie gern sein, aber dabei schauen sie sich immer in den Spiegel, ob es ihnen auch gut steht: sie sind kokett. Ganz reine Stimmungen wollen sie mittheilen, aber plötzlich erinnern sie sich, Baudelaire und Hugo gelesen zu haben. Man höre:

>Tremble argenté, silence, bouleau,
>La lune s'effeuille sur l'eau ...
>La rame tombe et se relève,
>Ma barque glisse dans le rêve —

das reine Lied. Aber gleich darauf:

---
*) Paris, Edition du „Mercure de France" 15, rue de l'Échaudé-Saint-Germain, 15.

> Des deux rames que je balance,
> L'une est Langueur, l'autre est Silence —

Baudelaire oder Poe. Zum Schlusse wieder die Stimmung rein und unvermischt:

> Comme la lune sur les eaux,
> Comme la rame sur les flots,
> Mon âme s'effeuille en sanglots.

Beinahe an jedem Gedichte könnte man das zeigen. Dem Dichter redet immer wieder der Literat drein. Aber daß doch bisweilen ein Dichter zu vernehmen ist, indes wir sonst jetzt in Frankreich immer nur Literaten hören, das zieht uns zu ihm. Darum werden wir seinen Namen behalten.

Colour Musik.

Man konnte in den Zeitungen neulich Notizen über die Colour Musik lesen, eine Erfindung des Engländers Wallace Remington, Töne durch Farben darzustellen, also Musik zu malen. Sie sei, hieß es, gar nicht so neu, wie Laien verwundert meinen möchten. Schon 1740 habe ein Jesuit, Luigi Betramo Castel, ein Clavicembalo oculare gebaut, welches Töne optisch zeigen konnte, so das Musik von Tauben gesehen wurde. Uebrigens hätten manche so feine und innig verbundene Nerven, daß sie gar nicht erst derlei Instrumente brauchten, sondern nichts hören könnten, ohne von selber jeden Ton immer gleich als

Farbe zu schauen. Die Aerzte Nußbaumer und Parville, selber im Besitze dieser Gabe, haben sie beobachtet und geschildert; dieser wußte besonders einen Schweizer Studenten zu rühmen, der sie in ungemeiner Schärfe hatte: Hohe Töne brachten ihm die Empfindung heller Farben, tiefe Töne das Gefühl dunkler Farben, doch wechselte die Farbe mit dem Instrumente; die Töne des Klaviers sah er blau, die der Flöte roth; schlug man mit einer Gabel an ein Glas, so schien ihm dieses sich zu färben. Im Anhange vergaßen die Zeitungen nicht zu bemerken, daß Liszt als Dirigent gern sagte: Diese Stelle, meine Herren, ist mehr bläulich zu spielen jene mehr roth.

Diese Nachrichten wären leicht zu vermehren. 1887 hat J. Baratoux im Progrès medical über die audition colorée, wie er es nennt, geschrieben darstellend, wie da „auf den Reiz eines einzigen Sinnes hin zwei verschiedene Sinne zugleich thätig werden, indem der Ton einer Stimme oder eines Instruments sich eine charakteristische und zwar immer in dieselbe Farbe umsetzt." Der Aufsatz machte Aufsehen, weil ein Mediciner da bestätigte, was man den Poeten nicht glauben wollte. Gerade damals hatte nämlich Rhené Ghil in seinem „Traité du Verbe" behauptet, jeder Vocal habe seine Farbe, a sei schwarz, e weiß, i roth, u grün, o blau; die Harfen klängen weiß, die Geigen blau, die Flöten gelb und die Orgeln schwarz; o sei leidenschaftlich, a mächtig, e schmerzlich i fein, u geheimnisvoll und r wild und stürmisch. Das hörte sich wohl seltsam genug an, wenn auch die Kenner sich erinnern mochten, daß schon Baubelaire sang:

"O métamorphose mystique
De tous mes sens fondus en un!
Son haleine fait la musique,
Comme sa voix fait le parfum —"

und aus E. T. A. Hoffmann citieren konnten: "Nicht sowohl im Traume als im Zustande des Delirirens, der dem Einschlafen vorhergeht, vorzüglich wenn ich viel Musik gehört habe, finde ich eine Uebereinkunft der Farben, Töne und Düfte. Es kommt mir vor, als wenn alle auf die gleiche geheimnisvolle Weise durch den Lichtstrahl erzeugt würden und dann sich zu einem wundervollen Concerte vereinigen müßten. Der Duft der dunkelrothen Nelken wirkt mit sonderbarer magischer Gewalt auf mich; unwillkürlich versinke ich in einen träumerischen Zustand und höre dann, wie aus weiter Ferne, die anschwellenden und wieder verfließenden tiefen Töne des Bassethorns" — und: "Auch hatte ich gerade ein Kleid an, dessen Farbe in Cis-moll geht, weshalb ich zu einiger Beruhigung der Zuschauer einen Kragen aus E-dur-Farbe darauf setzen lasse."

Ich habe diese Dinge schon früher einmal notiert; man kann sie im dritten Bande meiner "Kritik der Moderne" nachlesen. Sie interessierten mich, weil ich nicht verstand, daß man sie den Leuten erst beweisen mußte. Mir waren sie selbstverständlich. Schon der Knabe wurde gescholten, wenn er, Scalen zu üben gezwungen, behauptete, sehr bunte Streifen vor sich flimmern zu sehen; aber es geht mir noch heute so. Man lachte den Jüngling aus, der erzählte, Czernowitz sei eine unangenehme, gelb riechende Stadt; ich kann aber auch heute den intensiv widrigen Geruch jener Straßen, der mir noch immer gegenwärtig ist, von dieser Farbe nicht trennen. Als ich irgendwo von einem „braunen Schlafe" schrieb, wollte man es mir lange nicht vergeben; aber ich kann nicht leugnen, daß ich auch heute noch mit dem Geschmacke gewisser Farben erwache und gelb, grün oder blau geträumt zu haben fühle. Auch sind und bleiben mir oft Menschen verhaßt, weil ihre Art zu sprechen in mir häßliche Farben weckt; ich sage dann bei mir; dieser schrecklich gelbe Mensch! Andere, ohne schön zu sein, werden mir doch durch sehr zärtliche, kosende Farben lieb und ehrwürdig, die mich ihre Art zu sprechen sehen läßt. Besonders meine Erinnerungen sind immer optisch: nennt man mir Orte, Leute oder Bücher, so taucht zuerst eine Farbe auf; die zieht dann das andere erst nach. Auch Schmerzen und Freuden sehe ich; wenn ich mich mit einer Nadel steche, blitzt es vor mir himmelblau auf. So werden alle Stimmungen mir zu Farben und ich habe gelbe, braune oder auch, wenn der Mai kommt oder ich sonst selig bin, mauve Tage. Dafür bin ich oft getadelt und verspottet worden. So habe ich ein Recht, mich zu freuen, wenn es die Gelehrten jetzt bestätigen.

Es ist zu hoffen, daß man nun, über diese mystische Union der Sinne belehrt, allmählich wohl auch gegen ihre Künstler gerechter wird. Das würde einem jungen Deutschen zugute kommen, der viel gelitten hat und Förderung, Liebe, ja in einem gewissen Sinne, wenn man seinen Muth und seine Treue bedenkt, die ihn nicht wanken und bei aller Niedertracht von Schmähungen seinem stillen Sinne unverzagt gehorchen ließen, Bewunderung verdient. Es ist Maximilian Dauthendey, der verlästerte Dichter von „Ultra Violett"*), dieser mächtigen Explosionen von verzückten Sinnen, welche die guten Deutschen zur Verzweiflung brachten: denn diese wissen noch immer nicht zu achten, was eine edlere Gewalt als der enge Verstand erst rechtfertigen kann, und die Kunst aus brausenden Extasen, wenn sie zu stolz ist, sich in der groben Maske des Rationalen zu verstecken, hassen sie wild; Stimmungen sollen „Pointen" haben und Gefühle müssen sich nachrechnen lassen. Daß Düfte singen, Töne duften, Farben tönen, schien ihnen ein Frevel und, wie unsere tapfere Frau Marholm auch für ihn focht, der Poet dieser süßen Communionen blieb in Acht gethan. Erst jetzt, wo es doch „wissenschaftlich" bewiesen ist, werden sie sich wohl zu ihm bequemen müssen.

Mit seinen Gedichten ist es mir seltsam ergangen. Ich habe bei manchen von ihnen oft unendlich viel gespürt. Andere Male habe ich bei genau denselben rein gar nichts gespürt. Oft hat mich ihre schwere,

---

*) Ultra Violett. Einsame Poesien von Max Dauthendey. Bei Max Haase, Berlin. Ebenda die Dramen Sun, Sehnsucht, das Kind und Glück.

lobernde Pracht, dieser üppige Pomp so berückt, verzaubert und beglückt, daß ich Stunden lang in ihrer
Gewalt wie in einer seligen Trunkenheit, einem
glühenden Traume, einer unbeschreiblich innigen und
tiefen Wonne war. Andere Tage konnte ich sie Stunden
lang lesen, ohne nur das Mindeste zu fühlen; sie
sagten mir gar nichts und wie lärmend ihre Rhythmen
schwollen, in mir blieb alles leer und stumm. So
waren sie nur in manchen Stimmungen, manchen
Launen, bei einem gewissen inneren Wetter mächtig
und verlangten eine gewisse Neigung meiner Seele,
sich bethören und verlocken zu lassen. Fehlte diese,
so vermochten sie nichts. Ich mußte besonders für
sie gestimmt sein. Sonst konnten sie nicht wirken;
zwingen konnten sie mich nicht. Mich beunruhigte
das, aber ich konnte es weder ändern noch erklären,
bis mir der Poet, ein sehr stiller, gütig schwärmender
Jüngling, erzählte, wie sie entstanden sind. Er erzählte,
daß er damals, als er sie schuf, ein Jahr in einem schwedischen Dorfe lebte, hoch oben, ganz einsam und ohne
jener Sprache mächtig zu sein, so daß er mit keiner Seele
als immer nur mit sich selber verkehren und nichts
als ewig nur seine eigene Stimme vernehmen durfte.
Wenn er nun da in dieser großen und, wie er sie
schilderte, feierlichen, ja erhabenen Natur so einsam
so in sich versunken dahin ging, wuchsen mit einem
rings, da die Menschen schwiegen, den Blumen und
allen Dingen wunderbar laute und verführerische Zungen
für ihn, Farben sangen und das Schweigen der
schwarzen Wälder wurde tönend. Wonnen und Ver-

zückungen, die doch sonst der rauhe Lärm des Irdischen gleich wieder stört, konnten da unendlich schwellen; nichts trübte die Erleuchtung. So erzählte mir der leise und ergriffene Jüngling. Seit ich es weiß, versagen mir seine Gedichte nicht mehr. Sie wirken jetzt immer auf mich, in welcher Laune ich auch sei. Ich komme von selber in die Stimmung, die sie. brauchen. Wenn ich beginne, sehe ich immer gleich, seine weiche, dunkle Stimme hörend, den ehrfürchtigen Jüngling durch jene mächtigen Einsamkeiten schreiten. Diese Vision genügt, mich zu entrücken, und bin ich nur erst vom Täglichen los, so ist ihr Zauber unwiderstehlich. Das alles erwägend und nun begreifend, gab ich dem Dichter einen Rath, den ich hier verzeichnen will, weil er auch anderen eine Lehre sein und dienen kann.

Ich sagte dem Dichter: Jetzt wird es mir klar. Die Schuld liegt nicht an Ihnen, sondern an uns. Sie geben Ihre Extasen, wie Sie sie fühlen. Aber wir sind nicht immer fähig, sie anzunehmen. Ihre Extasen sind zu weit von unserem Leben weg und wir haben keine Brücke, keine Leiter. Sie müssen auch nur gerecht sein: denken Sie bloß einmal, woher wir kommen. Der Schweiß der Geschäfte klebt noch an uns, wenn wir abends uns zum Dichter wenden, die Mühe, die Noth, die ganze Schwere des Lebens, und nun sollen wir gleich mit Ihnen fliegen! Wie denn? Wie soll denn der verworrene Mensch von heute, so ganz an die Forderungen der Stunde verloren, ungewohnt die inneren Stimmen zu hören und ohne jene großen Läuterungen durch Gebet, Fasten oder Betrachtungen, die sonst die katholische Hygiene der Seelen gab — wie soll er da plötzlich zu Extasen bereit sein? Darum muß der Dichter heute den ins Tägliche verstrickten Hörer erst seiner traurigen Welt durch Gewalt oder List entreißen, bevor er ihn in seinen Himmel ziehen darf. Ich wundere mich, daß man nicht bemerkt oder, wenn man es bemerkt, nicht befolgt, wie klug und wissentlich Dante das that. Die Sonette der Vita Nuova sind Explosionen so sublimer Krämpfe, daß wir sie sicherlich nicht fassen könnten, würden wir nicht vom Dichter zuvor dem Zufalle des Lebens unmerklich entführt und sanft in ihre Höhe getragen. Er beginnt immer mit einem täglichen Ereignisse, das er realistisch schildert. Wir vernehmen es leicht und gern: denn es ist von unserer Welt. Leise weiß er uns dann, Träume oder Hallucinationen erzählend, die der Neugier schmeicheln, immer tiefer ins Dickicht seiner Stimmungen zu locken, daß wir uns willig täuschen lassen. Und erst, wenn wir rings von ihnen umstellt, von ihrer Luft betäubt sind und nirgends mehr entrinnen können, läßt er uns ihre Hymnen hören, die nun freilich ein leichtes Spiel mit unserem bereiten Gemüthe haben. Warum folgen Sie nicht diesem Beispiele? So zuerst die Biographie Ihrer Gedichte schreibend, wären Sie der größten Wirkungen gewiß.

Romane.

Die Berliner beschwichtigen sich jetzt doch allmählich wieder. Eine Zeit lieferten die Zeitungen dort jedes Quartal ein frisches Genie. Es wimmelte nur so von deutschen Zolas, deutschen Maupassants. Nun ist man wieder ruhiger geworden. Man sah doch bald, daß es meistens nur ein falscher Lärm um nichts war, und traut nicht mehr recht. Man fällt nicht mehr auf jeden neuen Namen herein, der ein paar befreundete Schreihälse in der Presse hat. Es muß einer schon zwei und drei Mal klopfen, bis man sich nach ihm wenden, auf ihn achten mag. Die schnelle Begeisterung ist weg. Der Ruhm zaudert lange. Man muß ihn jetzt wieder ehrlich verdienen. Er ist das letzte Jahr nur zu Georg von Ompteda gekommen. Und der hat lange genug redlich geworben.

Georg von Ompteda wurde zuerst unter dem Pseudonym Georg Egestorff durch „die Sünde"*) bekannt. Das war die Geschichte eines jungen Officiers, der eine Chanteuse verführt, verläßt und in den Tod treibt, angenehm und sicher erzählt, ohne die Faxen erster Werke, nur breiter, als es die Sache verlangte.

---

*) Bei Wilhelm Friedrich in Leipzig; die anderen Werke sind bei F. Fontane in Berlin erschienen.

Die Gestalten lebten nicht sehr: den Lieutenant mochte man sich noch allenfalls imaginieren, das Mädchen konnte man gar nicht finden. Aber man hatte das Gefühl, wenn auch die einzelnen Züge versagten, daß doch der Ton dieser Welt getroffen war, und eine junge Person im zweiten Plane, die Nichte des Obersten, die durch die Handlungen huscht, wirkte schön: zwar war auch sie nicht zu sehen, aber man wußte, daß man sie nicht leicht vergessen würde. Dann konnte man allerhand Erzählungen von ihm lesen, die sich im Schauerlichen, Barocken, Phantastischen gefielen. In einer schildert er seinen Tod und die Erlebnisse seiner Leiche in der Morgue. In einer anderen verhandelt er seinen Leib an den amerikanischen Doctor Skelet zu anatomischen Versuchen. Also etwa in der Art des Poe, freilich ohne seine Kraft und Größe, aber doch mit einer vernehmlichen Gabe, Stimmungen zu wecken und zu halten. Man wußte am Ende nicht viel mehr, als ob man wüst und heftig geträumt hätte: die Figuren blieben nicht, die Ereignisse verwischten sich, aber man fühlte doch deutlich, eine Flucht von Stimmungen passiert zu haben. So war es auch mit seinem zweiten Romane, „Drohnen", der die Sitten von Berliner Gecken, Millionären und Spielern mit ihrem weiblichen Gefolge bilden wollte. Keine Handlung und gar keine Psychologie und nicht einmal das gemeine Vermögen der Naturalisten, das tägliche Leben zu malen: diese vielen Dinge sehen wir kaum. Aber wir fühlen sie, wir zucken von ihnen, sie rieseln in uns. Der nervöse Gehalt wird von ihm aus den Dingen gezogen und in den Leser gebracht. Plastisches fehlt; er geht ohne Umweg unmittelbar gleich an die Nerven. Man kann Orgien nicht schlechter schildern; nichts wird da sinnlich; aber doch ist plötzlich ihr Duft, ihr Ton, ihr Rausch in uns und nie sind wachsende Trunkenheit, der Taumel wilder Tänze und die Aufregung der Karte suggestiver mitgetheilt worden. Es geschieht sozusagen vor verbundenen Augen, wo denn das Gehör desto empfänglicher und verruchter auf die zartesten Noten horcht. Preußische Kritiker rühmen ihn als Erzähler; ja ich habe ihn mit unserem Torresani vergleichen hören, an den man ja leicht denken mag, da beide aus der Cavallerie in die Dichtung kamen. Aber nichts kann falscher sein. Torresani hat die Lust an der schönen Fabel, bunte Läufe bewegter Abenteuer reizen ihn und alles wird vor das Auge gestellt; eine photographische Treue giebt uns jeden Zug, jede Falte der Gestalten. Ompteda giebt nur ihren Ton, ihren Klang. Zeichnung ist nicht seine Sache. Aus Menschen und Dingen weiß er nur den eigenen Dunst, der um sie schwebt, weiß er nur ihre Musik zu holen.

Am schönsten ist das an der „Gräfin Ines" in seiner letzten Sammlung „Unter uns Junggesellen" gelungen. Nirgends wird seine Weise deutlicher als in dieser gelassenen, schlichten und doch so ungemeinen Erzählung, die ein Wunder an Harmonie von Gefühl und Form ist. Nichts geht vor, als daß ein junger Mann eine junge Dame kennen lernt. Von dem jungen Mann erfahren wir gar nichts und so mag sich jeder selber an seine Stelle denken. Von der jungen Dame erfahren wir nichts als den Geruch ihrer Worte, wir hören die liebe Farbe ihrer Stimme und so mag sich jeder für sie die besten Formen denken. Nur die Melodie tönt, wie die zwei jungen Leute sich mit leisen Fäden ziehen. Das giebt einen unsäglichen Reiz, weil es im Grunde gar keine Gestalten, sondern uns in die Stimmung bringt, selber zu gestalten. Es wirkt wie ein stilles Lied, wie leises Flüstern auf der Geige, und läßt uns in's Weite träumen. Ich habe nie eine so nichts als musikalische Prosa gelesen.

Man möchte das erst nur für die persönliche Art des Autors nehmen, eben die Art einer sehr innerlichen, von der Form der Dinge weg ins Wesentliche gehenden, rhythmischen Natur. Aber da ist es wunderlich, daß eben jetzt sich noch ein anderer Autor meldet, der in einer anderen Erzählung ganz von der nämlichen musikalischen Art ist. Dieser Autor heißt R i c a r d a H u c h, die Erzählung heißt „Erinnerungen von Ludolf Ursleu dem Jüngeren."*)

Sie erzählt die Wirrungen, die eine ungestüme und sündige Liebe über eine Hamburger Familie bringt und der Tod erst löst. Seltsam ist nun, wie der Leser ohne große Handlungen, ja ohne große Worte, indem die Sprache gefaßt und immer episch bleibt, unbeschreiblich aufgeregt, durch Angst, Zorn und Schmerz getrieben, im Innersten bewegt wird. Durch das Thema? Es ist alt und da es sehr langsam und

---

*) Bei Wilhelm Hertz in Berlin.

umständlich in Gang gebracht wird, höchstens stiller Betrachtungen fähig. Durch die Form? Es ließe sich leicht eine glücklichere Behandlung denken und der breite, geflissentlich pedantische, oft gewaltsam goetheisierende Stil müßte eher beruhigen und dämpfen. Also wie? Man kann es nicht sagen. Es ist wieder ganz die Wirkung der Musik, wo man auch nicht weiß, warum sie denn traurig oder heiter ist, als weil sie eben unerklärlich traurig oder heiter macht. Man wird von Accorden unaufhaltsam in Stimmungen gezogen.

So wird die Meinung vernehmlich, daß diese musikalische Weise nicht etwa nur die persönliche Art eines Dichters, sondern ein wesentlicher Trieb der Dichtung sein möchte, der vielleicht wachsen und noch manche Zeichen formen wird. Während die romantische Losung Farbe, die naturalistische Losung Zeichnung war, rufen die jungen Franzosen heute nach Musik. Wie Harfen im Winde wollen sie sein. Man denke an Verlaine, Rodenbach oder Maeterlinck. Vielleicht sind das die ersten Boten, daß die Deutschen ihnen jetzt folgen werden.

Ungedruckte Briefe von Ferdinand Lassalle.

Herr Dr. Heinrich Steger, der bekannte Vertheidiger, der eine reiche Sammlung von allerhand hübschen Dingen hat, Correspondenzen, Autographen,

Reliquien großer oder berühmter Leute, ist jetzt in den Besitz von Briefen gekommen, die Ferdinand Lassalle an die Seinen schrieb, an seine Eltern und an seine Schwester. Sie sind sehr interessant. Nur darf man freilich nicht meinen, den Denker, den Redner, den stolzen Helden für die Freiheit in ihnen zu finden. Die ewigen Züge des wunderbaren Jünglings verschweigen sie; selten klingen leise kaum die Triebe an, die sein Leben führten. Die kleinen Sorgen, flüchtige Stimmungen, geschwinde Launen herrschen; sie sind in Hast aus dem Drange der Minute hingeschrieben; und so zeigen sie die tägliche Seite des Gewaltigen nur, die er den weltlichen Forderungen der Stunde zukehrte. Aber das hat gerade einen ungemeinen Reiz. Seine eherne Gestalt steigt vom Sockel, wird zutraulich und bewegt sich irdisch. Es muß doch sehr angenehm für den Pygmalion gewesen sein, als jene Statue der Aphrodite lebendig wurde, sich zu ihm aufs Canapee setzte und ihn küßte, ganz wie nur irgend ein süßes, dummes Mädel. Wir lieben die Großen erst recht, wenn wir sie auch einmal klein sehen dürfen, wie wir an schönen Frauen die Stellen am zärtlichsten verehren, die vom Idealen weichen, einen kranken und traurigen Mund an einer reinen und strahlenden Miene, gerade das Hinfällige, Endliche, allzu Menschliche am ewig, unbegreiflich und himmlisch Schönen. Das ist offenbar der Sinn jener jetzt so beliebten Literatur, die aus Tratsch und Anecdoten den intimen Napoleon, den verliebten Balzac, Goethe im Hemde bringt. Sie will ihre Größe, ihre Schönheit, indem sie sie sinnlicher macht, lebendiger und wärmer machen. Sie setzt freilich eine eble Gesinnung voraus. Das thun auch diese Briefe und wer ihren Zauber spüren will, muß das Wort des Lessing beherzigen: „Vorher aber muß ich Sie, um alles, was heilig ist, bitten, mich nicht für einen elenden Feind eines der größten Männer, die jemals die Welt gesehen hat, zu halten. Luther steht bei mir in einer solchen Verehrung, daß es mir, alles wohl überlegt, recht lieb ist, einige kleine Mängel an ihm entdeckt zu haben, weil ich in der That der Gefahr sonst nahe war, ihn zu vergöttern. Die Spuren der Menschheit, die ich an ihm finde, sind mir so kostbar, als die blendendste seiner Vollkommenheiten. Sie sind sogar für mich lehrreicher als alle diese zusammengenommen und ich werde mir ein Verdienst daraus machen, sie Ihnen zu zeigen." In dieser Gesinnung will, was hier folgt, gelesen werden. Sonst kann es nicht wirken.

Der strenge Philosoph, der sich um den dunklen Heraklit bemühte, liebte das helle, heitere Leben. Er wollte Glück, Lust und Glanz um sich haben und jener Ruf an die Arbeiter, sich die verdammte Bedürfnislosigkeit abzugewöhnen, kam aus dem Wahrsten seiner Natur. Die bloße Zumuthung, daß er je bescheiden oder dürftig vegetiert haben könnte, erbitterte ihn schon. Man lese diesen Brief an seinen Vater:

„Deinen Brief vom 24. erhalte ich soeben. Wo Du in meinem Brief gelesen haben willst, daß Du erst Ultimo da zu sein brauchst, ist mir rein unbegreiflich. Ich habe geschrieben m e d i o. Gegen Ende

Juli wird wohl erst die Sitzung sein. Aber Du mußt jebenfalls am 13. oder 14. schon hier sein.

„Denke Dir, daß sich die hiesige Behörde von Berlin einen Bericht von einem dortigen Polizeiinspector Gesellens hat kommen lassen, worin es heißt, „ich hätte in Berlin, ehe ich die Gräfin kennen gelernt, immer in **sehr beschränkten** Verhältnissen gelebt." Ich in beschränkten Verhältnissen in Berlin! Nun, Du weißt am besten, was ich dort ausgegeben habe! Ferner wird als Beweis dafür angeführt, „ich hätte einst einer Wirthin von mir, Witwe Wolff, für eine Schuld von 15 Thaler eine goldene Uhr gegeben und ihr erlaubt, sie zu verkaufen und sich damit bezahlt zu machen!" Eine Geschichte, von der kein einziges Wort wahr ist! Du weißt am besten, daß ich nie eine andere goldene Uhr hatte als die, welche ich jetzt noch habe und die ich zu meinem 13. Jahr von Dir bekommen. Was sagst Du aber zu dieser Polizeiverschwörung gegen mich? Du siehst, wie recht ich hatte, darauf zu bringen, daß vor allem meine finanziellen Verhältnisse constatiert werden. Umso nöthiger ist, daß Löwe kömmt wegen des unbeschränkten Credits. Dies reicht hin, jene Lüge lächerlich zu machen. Aber jetzt, wie gesagt, ist es auch **unerläßlich**, daß gerade Löwe kömmt und das überhaupt der größte Fleiß auf Constatierung Deiner und meiner finanziellen Verhältnisse verwandt werde. Das Attest von Heinke habe ich bereits hier aus den Acten des vorigen Jahres abschriftlich (amtlich) nach vieler Mühe errungen. Es ist sehr gut, jedoch beschäftigt es sich nur mehr mit mir persönlich und geht über Deine Verhältnisse zu flüchtig und mit zwei Worten hinweg. Sieh daher zu, daß in den Attesten vom Oberbürgermeister Deine Vermögensverhältnisse **breiter** erwähnt werden; da ich an Heinkes Attest schon ein polizeiliches habe, so wäre es mir überhaupt **lieber** von Gräff oder dem Magistrat ein Attest zu bekommen, als von dem neuen Polizei=Präsidenten. Ich werde auch L. Dyhrenfurth laden lassen. Denn gerade wegen jenes Berichtes von Berlin, der indes nur von einem Polizeiinspector und auf Hörensagen beruht, muß ich den Vermögenspunkt umso sorgfältiger constatieren. Sehr lieb wäre es mir, wenn ich die großen Summen constatieren könnte, die ich seit 1844 stets von Dir erhalten, z. B. zu der Pariser Reise von 2 Monaten 1000 Th. ꝛc. Doch dies geht wohl nicht, da Du mir das Geld immer direct gabst und nie durch Banquiers auszahlen ließest. Ich habe aber Gladbach geschrieben, er soll sich aus den Rechnungsbüchern des Hôtel de Brandenbourg und des Britisch Hôtel **notarielle** Auszüge geben lassen; u. zw. von den Jahren 1844, 45, 46 aus beiden Gasthöfen. Hieraus wird hervorgehen, in welch „beschränkten" Verhältnissen ich lebte. Auf Deiner Durchreise nach Berlin frage Gladbach, ob er dies besorgt hat, und wenn es noch nicht geschehen ist, besorge es selber. Denn er ist jetzt, (Gladbach), seitdem er Deputirter ist, sehr nachlässig geworden. Auch wäre es **sehr** gut, wenn Du zu diesem Zwecke 2, 3 Tage früher nach Berlin abreisetest.

„Lebe nur herzlich wohl. Ungebulbig erwarte ich den Tag der Anklage. Ich gedenke einen namenlosen Triumph zu feiern.

„NB. Der Wirth aus dem British Hôtel — er hat es noch — heißt Krüger — der aus dem Branbenbourg-Hôtel, der auch noch dort ist, heißt Schraber: mit diesem war damals Mühling (jetzt Besitzer des Hôtel be Rome) zusammen en Compagnon Wirth und mein besonderer Freund. Doch waren auch Krüger und Schraber mir attachiert. Sie werden sehr gern Dir den notar. Auszug aus ihren Büchern geben von 1844, 45, 46 aus jedem Hôtel; denn ich kneipte gleichzeitig mit beiden. Halte nur darauf, daß Löwe kömmt. Auch Wirsowns Attest wird mir lieb sein; doch kann er von den Vermögensverhältnissen mehr sagen."

Eine freie, zierliche, beinahe griechische Geselligkeit, in jenem Berlin der Rahel noch möglich, war ihm Bedürfnis. Wie ein Wanderer auf steilen Wegen Blumen pflückt, so wollte er ihre Freuden auch im Tumulte der Kämpfe nicht missen.

„Meine vielgeliebte Mutter, ich weiß nicht, wie ich Dir für Dein liebevolles Schreiben und für die wahrhaft königlichen Geschenke, die Du mir gemacht hast, hinreichend danken soll! Ich muß Dir den Vorwurf machen, mich zu verschwenderisch zu beschenken! Ich habe den gestrigen Tag unter sehr wechselnden Gefühlen zugebracht. Früh, als ich aufstand, war mir s e h r. weh und traurig ums Herz. Es war der e r s t e Geburtstag, an dem ich keinen Brief des ge-

liebten Vaters empfing! — — — Mittag gab ich
Riekchen ein großes Diner, zu dem ich 21 Personen
eingeladen hatte. Nichts fehlte mir als Deine An=
wesenheit! Wir tranken auf Dein Wohl! Wir waren
sehr froh! Es waren alte und junge Freunde, die
sich um uns drängten, die schneeweißen Haare von
General Pfuel und Förster anderer contrastierten mit
den blonden Locken junger Männer von 25 Jahren.
Wir waren alle sehr heiter. Herr von Bülow spielte,
Proffor Stahr stimmte alte Gesänge an. Wir waren
noch bei Tisch, als ungeladen der alte Geheimrath
Boeckh erschien, der mir gerade einen Besuch machen
wollte, und der frohen Gesellschaft sich froh anschloß.

Wenn Du dort so verlassen lebst, vielgeliebte
Mutter, warum änderst Du nicht Deinen Entschluß
und ziehst zu mir, der ich ja gerne alles für Dich
thun möchte, wozu ich nur imstande bin? Daß ich
mir die Fortschrittspartei auf den Hals gehetzt, wie
Du ganz richtig sagst, braucht Dich nicht zu betrüben.
Ob diese Herren und ihre stupiden Blätter auf mich
schimpfen oder nicht, ist sehr einerlei. In Leipzig
hat in der großen Arbeiterversammlung meine Ansicht
mit 1350 gegen 2 gesiegt. Gestern gerade traf die
Nachricht ein, daß ebenso in Hamburg in einer
allgemeinen Arbeiterversammlung die von mir bean=
tragten Beschlüsse fast mit Einstimmigkeit angenommen
worden sind, obgleich sehr viele Fortschrittler sich ein=
gefunden, die auf eifrigste dagegen gesprochen hatten.
Das sind große, wichtige Thatsachen. In der Rhein=
provinz, von wo es enthusiastische Zuschriften und

Gedichte an mich regnete, werden dieser Tage dieselben Beschlüsse gefaßt werden. Dann werden andere Orte folgen. So wird endlich einmal Entschiedenheit in die Bewegung gebracht, Entschiedenheit und Klarheit im Volke erzeugt. Und für diesen wichtigen Zweck lohnt es schon, sich von der liberalen Presse nach Herzenslust ausschimpfen zu lassen. Auch hier ist unter den entschiedenen Elementen ein Jubel."

Die Gäste hatten sich über ihn nicht zu beklagen. Sein Tisch war berühmt. Er hatte eine sehr feine, verwöhnte Zunge und kannte sich im Essen und Trinken aus. An seine Mutter schreibt er einmal:

"Beiläufig kannst Du mir einen Gefallen thun, wenn Du nicht daran vergissest. Da die hiesigen Conditortorten so schlecht sind, so möchte ich der Gräfin zum Weihnachtsabend zwei Torten von Perrini kommen lassen, nämlich eine N u ß t o r t e und eine sogenannte E i s e n b a h n t o r t e. Willst Du mir diese bestellen und so zuschicken, daß ich sie am 24. December früh (oder auch einen Tag früher) bekomme? Du würdest mich dadurch sehr verbinden. Daß sie aufs beste sein müssen, versteht sich von selbst."

Und ein anderes Mal: "Weißt Du, gute Mutter, was Du mir, wie mir eben einfällt, einmal schicken könntest? Eine g u t e, g e b r a t e n e Gans, mit recht knusperiger Haut. Da ich jetzt alle Mittage zu Hause esse, könnte ich sie ganz gut benützen und immer kalt davon essen. Ich würde mir dann bloß ein Beefsteak holen lassen — während jetzt zwei — und hätte also doch eine Abwechslung."

In Gefahr und Angst selbst ist er immer noch auf den Magen bedacht. Er schreibt an seinen Vater. „Geliebter Vater! Die neue Juryliste, die soeben ausgegeben worden, enthält nunmehr 35 Geschworne indem von den früheren 32 noch 5 ausgefallen, 8 aber hinzugetreten sind. Beiliegender Zettel enthält die Namen der hinzugetretenen und ausgefallenen. Unter letzteren befinden sich leider zwei, mit denen Opp. sprechen wollte. Sprich nun gleich mit mit Opp. über die neu hinzugekommenen acht. Der Zuckerfabrikant von Rath soll ein sehr reicher Mann und mit Oppenh. sehr liiert sein. Ich bitte Dich aber mir spätestens bis Donnerstag mittag d e f i n i t i v e Auskunft über sämmtliche Geschwornen noch einmal zu geben. Ich meine dies so: Bisher hat Opp. Dir versprochen mit Diesem und Jenem zu sprechen. Nun ist aber, so gut er es auch meinen mag, dennoch zwischen Versprechen und Halten immer ein Unterschied. Er hat vielleicht nicht Zeit gehabt mit allen Geschwornen, von denen er sich es vornahm, zu sprechen ebenso Deine anderen Freunde). Begieb Dich also Donnerstag früh zu ihnen, frage, mit wem sie bereits gesprochen haben und schreibe mir dann die Namen derselben, damit ja kein Mißgriff geschieht und ich nicht etwa einen Geschwornen für gut halte, der es doch nicht ist. Bei der g r o ß e n Wichtigkeit, die dieser Punkt — der wichtigste von allen — hat, kann man nicht ängstlich und genau genug zu Werke gehen. Ich habe heute ganz erträglich zu Mittag gegessen und befinde mich in sehr guter Laune...

Sorge dafür, daß ich während der Assisentage —
ich werde nämlich gewiß die Erlaubnis erhalten im
Appellhof zu essen (Du kannst auch Amon darum
bitten) — ein gutes aber einfaches Mittagbrod
erhalte, 1 Flasche guten Bord., 1 Tasse schwarzen
Kaffee und eine gute Cigarre (die dicken, von denen
Du mir immer schickst) habe und es wird alles ganz
vortrefflich gehen. Kannst Du mir nicht auch über
die 7 alten Geschwornen Auskunft verschaffen, über
welche Deine gestrige Liste keine enthielt? (Winterschlab,
Nachthenn, Trovit, Schmuß, Schlösser, Putz, Cremer)".

Auch im Geistigen war er derselbe Gourmand.
Es gab nicht leicht einen eitleren Autor. Jedes Lob,
das seine Bücher bei Autoritäten fanden, wurde verzeichnet:

„Meine vielgeliebten Aeltern! Es würde vergeblich sein, wenn ich versuchen wollte, Euch meinen
Dank auszudrücken für die so unbeschreiblich liebevolle
Aufnahme, die ich bei Euch gefunden und für die
tausendfache Zärtlichkeit, die Ihr mir bezeigt habt.
Doch es bedarf auch des Dankes nicht zwischen uns
und unser Verhältnis steht glücklicherweise so, daß
jeder von uns umso glücklicher selbstist, je mehr Liebes er
dem Andern erweisen kann. Ich bin hier regelrecht
eingetroffen, fand allerlei Besorgungen hier vor, habe
mich gleich an alles gemacht, werde aber doch noch
14 Tage lang zu thun haben, ehe ich mit meinen
kleinen Affairen zu Ende gekommen bin. Unter
anderem fand ich hier einen Brief des geh. Ober-Justiz-
Rath Friedberg vor, der, obgleich er vortragender

Rath im Justiz-Ministerium und obgleich der erste Band meines Werkes*) mit wahrhaft wüthenden Angriffen gegen preußische Regierung, preußische Gesetzgebung und preußische Justiz gespickt ist, und obgleich drittens H. Friedberg eingesteht, sich bereits durch einen großen Theil des Buches hindurchgearbeitet zu haben, sich dennoch ganz in dem Sinne von Waldeck ꝛc. über das Werk ausspricht. Du siehst, daß eintrifft, was ich sagte, es wird nicht leicht einer gegen die Stange beißen wollen, sondern vorziehen: faire bonne mine au mauvais jeu."

Und ein anderes Mal: „Rosenkranz in Königsberg hat eine Broschüre erscheinen lassen, um seine „Logik" zu vertheidigen gegen die Kritiken, die ich und Michelet gegen ihn losgelassen. Er erklärt nun selbst darin, daß er sich gegen Michelet gar nicht vertheidigt haben würde, daß aber meine „viel intensivere Kritik" ihn dazu zwinge; daß es ihm nicht gleichgiltig sein könne, ob von mir gerade seine Lehre verurtheilt wird ꝛc. An meinen Gründen sucht er sich zwar vorbeizudrücken. Aber diese offene Anerkennung und Bevorzugung von Seiten eines Gegners den ich doch dazu auf das härteste angegriffen hatte und der eine officielle Stellung einnimmt — er ist wieder Rector magnificus in Königsberg — ist gewiß sehr ehrenvoll."

Und wieder: „Vielgeliebte Aeltern! Ich bin heut in der angenehmen Lage Euch ein Brief zu

---

*) „Das System der erworbenen Rechte."

schreiben, von dem ich genau weiß, daß er Euch), besonders Dich, vielgeliebter Papa, auf mindestens 14 Tage vollständig g l ü c k l i c h machen wird. Vorgestern nämlich bereits erhielt ich einen Brief von B o e k h, dem ich vier Tage vorher mein Werk*) übersandt hatte, einen Brief, der Euch zeigen mag, ob ich, als Du, Papa, mich hier darum befragtest, Dir zu viel oder vielmehr zu wenig von dem Werke in Aussicht gestellt habe, einen Brief, wie ihn Boekh vielleicht noch niemals über ein Buch, zumal einem zum erstenmal auftretenden Autor geschrieben hat. Worte wie „umfassendste Gelehrsamkeit" „genaueste philologische Erwähnung," „ein Werk e i n z i g in seiner Art" oder „Ich kenne kein Werk, wie das Ihrige" ꝛc. ꝛc. — bedeuten etwas in dem Munde eines Boekh, des anerkannten Hauptes unserer gelehrten Philologen! Bedeuten umsomehr, als Boekh ein Mann ist, der, darin ganz verschieden von gewissen anderen großen Gelehrten, äußerst knapp und sparsam mit Lob ist und nicht einmal gewöhnliche Redensarten macht, geschweige denn so superlativische Ausdrücke! Dieser Brief — ich lege Euch eine Abschrift desselben bei — ist ein wahrer Triumph! Ein enormer Triumph! Und umso größer ist der Triumph einerseits, weil Boekh, wie er selbst sagt, bisher nur drei Partieen des Buches gelesen hat, die ihn zu diesem Briefe hingerissen, diese drei Partieen aber noch Kleinigkeiten sind gegen das Uebrige! Er wird erst noch Augen

---

*) „Die Philosophie Herakleitos des Dunklen von Ephesos."

machen. Andererseits deshalb, weil, wenn ich schon einen Angriff gegen das Buch erwartet hätte, ich ihn gerade von der philologischkritischen Schule erwartet hätte, deren Chef und Meister Boekh eben ist, dies dann aber verschmerzt hätte durch die Anerkennung, welche von speculativer Seite dem Buche zutheil werden muß — denn hierin liegt mindestens ein Hauptwert desselben. Jetzt kommen mir gerade von der kritisch-gelehrten Richtung aus zuerst so glänzende Anerkennungen. Ich muß gestehen, daß ich selbst einen so raschen und glänzenden Erfolg durchaus nicht erwartet hatte. Ich schicke Euch, wie gesagt eine Abschrift des Briefes, da ich das Original nicht durch Versendung zerknittern will. Aber auch diese Abschrift könnt Ihr nur einen Tag behalten und müßt sie mir tags darauf zurücksenden, 1. weil ich sie der Gräfin schicken will, 2. weil ich, was ich Euch hier besonders ans Herz lege, nicht will, daß Ihr mit dem Briefe und Euerer Liebe Unfug und Mißbrauch treibt. Unter keinen Umständen darf z. B. irgend etwas davon in der Zeitung erwähnt werden, was die höchste Indiscretion und Lächerlichkeit wäre. Ebenso wenig sollt Ihr mit dem Briefe hausieren gehen und ihn den Basen und Tanten zeigen, Ihr sollt ihn überhaupt niemand zeigen, als Bambergern, der sich für solche Sachen interessiert. Einen ebenso schmeichelhaften Brief habe ich auch von Varnhagen erhalten. Ich schicke ihn mit anderen, die noch einlaufen werden, ein andermal. Heute genügt es mit dem von Boekh, da dieser ohnehin der bei weitem competenteste Urtheiler über die gelehrten philologischen und kritischen Verdienste des Buches ist. . . . Aeltern! Sagt mir, ob Euch der Brief von Boekh Freude gemacht hat und vergeßt nicht, mir ihn sofort zurückzusenden. Ihr seht aus demselben, daß ich nicht bloß Chutzpe habe, sondern daß auch was dahinter steckt. Euer Euch zärtlich liebender Ferdinand.

„Dieser Brief hat noch einen Tag liegen bleiben müssen, weil ich die Abschrift nicht früher bekam. Inzwischen habe ich Euere Gänseleber mit herzlichem Danke empfangen. Mit meinem Geschwür geht es sicher aber langsam zur Besserung. Uebermorgen hoffe ich es ganz los zu sein. Heute kann ich schon weit eher sitzen und bequem gehen. Hat Dir Max wegen der Klabberabatsch-Actien geantwortet oder nicht? Ich bitte Dich, lieber Vater, placiere mir doch 20 solcher Actien. Ich bitte Dich b r i n g e n d darum. Z w i n g e doch die Leute sie zu nehmen, da mir so viel daran liegt, wie Du siehst. Wenn Du es nur r e c h t willst, wirst Du es auch können.

„P. S. Ich muß den Brief nochmals öffnen. Soeben war Johannes Schulze bei mir, der vortragende Geh.-Rath im Ministerium der geistlichen Angelegenheiten, der älteste Freund Hegels und seiner Philosophie, um mir — ich hatte ihm ein Exemplar überschickt, seine Reverenz zu machen. Was der mir alles gesagt hat, kann ich Euch gar nicht schildern. Adieu!"

So zeigen diese Briefe das Frivole Genäschige und Eitle des kühnen und erhabenen Menschen, der Ferdinand Lassalle war. Aber wenn Zorn und Entrüstung ihn schüttelten, waren die „Spuren der Menschheit" immer gleich weg und allein die Gedanken an sein Amt geboten. Man höre ihn der Schwester von seinem Processe erzählen, wie da seine Stimme schwillt, das Tägliche und Mondäne weicht und nur die gute Kraft des gerechten Kriegers walten darf:

„Geliebtes Kind! Gestern war große Bataille! Mein Hochverrathsproceß fand vor dem Staatsgerichtshof statt. Es ging hart her. Der Ober-Staatsanwalt plaidirte in Person und beantragte bloß die Kleinigkeit von 3 Jahren Zuchthaus 5 Jahre Stellung unter Polizeiaufsicht und 100 Thaler Geldstrafe. Die Sitzung dauerte von 10 Uhr bis 6 Uhr. Ich plaidirte 4 Stunden, stellweise mit der Wuth eines hyrkanischen Königs-Tigers! Drei- bis viermal wurde ich durch ein wahres Wuthgeheul der von ihren Sesseln auffahrenden Richter unterbrochen. Aber ich bändigte meine Löwen so gut wie Batty. Ich provocirte sie, mir das Wort abzuschneiden, wenn sie wollten. Solange ich aber das Wort hätte, würde ich sprechen frei wie der Vogel in der Luft. Mir das Wort abzuschneiden, wagten sie nicht, weil es offenbarer Cassationsgrund gewesen wäre. So fielen sie denn aus ihrem Aufruhr immer wieder in Nachgiebigkeit zurück, und ich ging, den Kantschu kräftig schwingend, immer wacker voran.

„Als sich die Richter zur Berathung zurückzogen, gewährte das ganze Auditorium einen äußerst trübseligen Anblick. Meine Freunde hatten sich zahlreich eingefunden. Keiner, der mich nicht für einen verlorenen Mann gehalten hätte. Einen solchen Eindruck hatte die Erbitterung der Richter gemacht. Dorn, der als Zuschauer da war, und wie alle fast verhungert treu aushielt, sagte mir: Der Staatsgerichtshof hat noch nie jemand freigesprochen. Er rieth mir, schnell fortzufahren und mich in Sicherheit zu bringen. Denselben Rath gab mir Holthoff, der gleichfalls nicht den geringsten Glauben an eine Freisprechung mehr hatte. Denselben Rath, auf mich einstürmend, alle meine Freunde. Ich aber hielt es meiner nicht würdig den Rücken zu zeigen. Ich hielt aus, wie der Fels im Sturm, obgleich im Falle der Verurtheilung meine sofortige Verhaftung gewiß war, und ich selbst an meine Freisprechung nicht mehr glaubte, so groß war die Erbitterung gewesen. Was die Gräfin, die gleichfalls zugegen war, dabei gelitten hat, kannst Du Dir denken!

"So wartete ich denn die Rückkehr der Richter ab. Es war das viertemal in meinem Leben, daß ich mich völliger Vernichtung gegenüber befunden habe. Endlich kamen sie und verkündeten meine — Freisprechung. Du hättest die Freude meiner Freunde sehen sollen, zumal der Gräfin und Buchers, der beinah Kobold schoß! Und das Gesicht des Oberstaatsanwalts, der aussah wie eine Katze, die Essig getrunken! Der Präsident kam jetzt sehr liebenswürdig auf mich zu, versicherte mir seine Bewunderung für meine Stimme, seine Theilnahme dafür, daß ich dieselbe so sehr angestrengt, da er doch aus den Acten wisse, daß ich ein Halsleiden habe, und behaupete jetzt, nur im Interesse derselben so oft auf Mäßigung gedrungen zu haben!

„Ich glaube, es ist wirklich die erste Freisprechung, die vor dem Staatsgerichtshof erfolgt ist. Du bist die erste, der ich Nachricht hievon gebe, wohl auch die einzige, mit Ausnahme zweier Zeilen, die ich noch gestern der geliebten Mutter schrieb. Du siehst also, daß ich bei dieser Gelegenheit mein sonstiges „Nicht-Schreiben" gut zu machen weiß."

Dem Kenner des Menschlichen bestätigen diese Briefe wieder, daß Größe, Bedeutung und alle Tugenden nur Gnaden glücklicher Stunden sind, Geschenke von Extasen, sonst im Gewöhnlichen tief versteckt. Es giebt keinen Helden, keinen Heiligen, der es immer wäre. Das mag ein bischen traurig sein, daß wir nicht in Jamben leben können', und ist doch sehr tröstlich, weil jeder so im Geheimen hoffen darf, auch noch seine Stunde der Gnade zu erfahren.

Johanna Ambrosius.

Herr Edwin Bormann, sonst als sächselnder Poet der „Fliegenden" beliebt, fröhnt jetzt einem so albernen als schändlichen Sport: in allerhand confusen und verruchten Schriften*) möchte er behaupten, daß die Dramen des Shakespeare von Francis Bacon sind. Der wüste Wahn ist ja nicht neu und es hätte, um ihn zu bannen, gar nicht erst die tapferen Worte gebraucht, die Georg Brandes in seinem glänzenden Buche**) neulich schrieb. Wer das Wesen des Shakespearischen ahnt, weiß, daß nur ein Schauspieler diese Werke schaffen konnte: es ist ihnen wesentlich, eine schauspielerische Vision der Welt zu sein.***) So möchte man die ganze Posse lieber lassen, wenn sie nicht ein Argument brächte, das man nicht verschweigen darf. Es heißt: Die Dramen können nicht von Shakespeare sein — denn sie sind weise und er hatte nichts gelernt. Daß man das schreiben darf und daß sich Leute finden, die es anhören, gelten lassen, ja glauben, zeigt, wie entsetzlich verwildert im Aesthetischen die Deutschen von heute sind, so sehr der Kunst entfremdet, daß man ihnen die Anfänge erst noch vorbuchstabieren muß.

Es scheint, man muß den Deutschen erst erklären, daß der Dichter nichts zu lernen braucht, weil er alles schon weiß, und daß eben nur, wer mehr weiß, als er je lernen kann, ein Dichter ist. Goethe hat gesagt, daß dem echten Dichter die Kenntnis der Welt an-

---

*) „Das Shakespeare-Geheimnis" und „der Anecdotenschatz Bacon-Shakespeares." Leipzig, Bormanns Selbstverlag.
**) „William Shakespeare", Paris und Leipzig, Verlag von Albert Langen.
***) Vgl. „Hamlet ein Schauspieler" von Alfred Frh. von Berger, Montagsrevue vom 18. April.

geboren sei und daß er zu ihrer Darstellung keineswegs vieler Erfahrung und einer großen Empirie bedürfe: „Ich schrieb meinen Götz von Berlichingen als junger Mensch von zweiundzwanzig und erstaunte zehn Jahre später über die Wahrheit meiner Darstellung. Erlebt und gesehen hatte ich bekanntlich dergleichen nicht und ich mußte also die Kenntnis mannigfaltiger menschlicher Zustände durch Anticipation besitzen. Ueberhaupt hatte ich nur Freude an der Darstellung meiner inneren Welt, ehe ich die äußere kannte. Als ich nachher in der Wirklichkeit fand, daß die Welt so war, wie ich sie mir gedacht hatte, war sie mir verdrießlich, und ich hatte keine Lust mehr, sie darzustellen. Ja, ich möchte sagen: Hätte ich mit der Darstellung der Welt so lange gewartet, bis ich sie kannte, so wäre meine Darstellung Persiflage geworden." So kann der Dichter Schule und Erfahrung und alle Hilfen des Verstandes entbehren; sie geben ihm nichts, was er nicht schon hätte; ja eher mögen sie ihn hemmen. Er ist von Geburt mit der Natur inniger, zärtlicher verbunden, so daß er die Bedeutung aller Geschöpfe von selber zu vernehmen weiß und von allen Kräften, allen Trieben, allen Drängen, die nur in ihr walten mögen, wiederklingt. Von Leon Battista Alberti hieß es, daß er über prächtige Bäume, reiche Felder oft weinen konnte; edle Thiere betrachtete er mit Verehrung und mehr als einmal, wenn er müde oder krank war, hat ihn der Anblick einer schönen Gegend gesund gemacht; so mitempfindlich hing er an den Dingen. Dieses Mitgefühl mit allem Leben, im

Großen und im Kleinen, ist es, das den Künstler macht; er ist wie eine Harfe, die vom Leben tönt. Es kommt als eine fremde Gnade über ihn, wie Traum und Taumel, und er kann nichts dazu thun, nichts davon nehmen, als nur es mit Liebe empfangen, mit Treue gestalten. Wie Hans Sachs bei Richard Wagner singt:

> Mein Freund, das grad' ist Dichters Werk,
> Daß er sein Träumen beut' und merk'.
> Glaubt mir, des Menschen wahrster Wahn
> Wird ihm im Traume aufgethan:
> All' Dichtkunst und Poeterei
> Ist nichts als Wahrtraum=Deuterei.

Der Künstler hört die Verschwiegenheit der Natur; sie spricht durch ihn; er ist nur die Zunge ihres sonst stummen Geistes. Wie William Blake, der Painter Poet, schrieb: „Ich bin der Secretär, die Autoren sind in der Ewigkeit." Das Dictat der geheimen Stimmen aufzunehmen, die durch das Leben schweben — nichts anderes war je das Amt der Kunst und wird es je sein. Man kann sie nicht lernen; keine Schule kann sie geben; keine Mühe wirkt. Sie ist ein Wunder. Ueber Unschuldige kommt sie mit Gewalt, die sie nicht rufen. Und andere lechzen und beten und winken nach ihr und mit hellen Fanfaren möchten sie sie grüßen und sie will nicht.

Das wird jetzt, da der Verstand mit Geschick die Gesten der Kunst zu äffen weiß, von vielen vergessen und sie lassen sich täuschen. Darum ist es heilsam und frommt, daß die gütige Natur manchmal Mahnungen sendet. So eine herzliche und liebe Mahnung an das Wesen der Kunst ist die Frau Johanna Ambrosius, die merkwürdige Dichterin von Lengwethen.

Lengwethen ist ein armes Dorf in dem ostpreußischen Kreise Ragnit. Da wurde die Johanna am 3. August 1854 einem Handwerker geboren. Ihre Jugend war traurig; sie erzählt, daß sie oft „mit der Noth zu Tische saß und mit dem Elend aus einem Becher trank." Bis zu elf Jahren durfte sie in die Schule; dann mußte sie hinaus, mit der Sense zu heuen oder Garben zu binden, half in der Tenne und versah den Stall. Mit zwanzig heiratete sie einen jungen Bauer; er bekam eine Hütte mit; von hundertfünfzig Mark jährlich sollten sie leben; aber sie liebten sich und zwei Kinder wurden ihnen geschenkt: über die Schulter der Sorge sah das Glück zum Fenster hinein. So wurde sie dreißig. Da erging es ihr seltsam. Es hob plötzlich in ihr zu tönen an. Es brauste und schwoll in ihr, daß sie es nicht halten konnte, und wenn sie recht müde und unter der Last der Noth beklommen war, dann brachen aus ihrem Kummer Lieder, wie Rosen aus einer dornigen Hecke, hervor. Auf dem Felde trug sie der Wind ihr zu, am Herde knisterten sie aus den Flammen, die schwarzen Tannen sangen sie ihr vor und sie war gezwungen, sie zu fassen. Sie fühlte sich wie verwandelt und vertauscht, als ob eine unbekannte Macht in sie gefahren wäre: „Wenn ich ein Lied schreibe, bin ich so erregt, so weltentrückt, daß ich mir wie eine Fremde vorkomme", hat sie einmal gesagt. Das große Wunder war in sie gekommen.

Den guten Leuten im Dorfe schien sie närrisch. Wenn sie den Weibern ihre Verse las, fragten sie: „Schriewe Se bat von wo af, ober wie make Se bat?"; und sie konnten es nicht begreifen. Niemand war da, ihr zu helfen, und sie litt unverstanden, bis ein Professor Carl Weiß=Schrattenthal (derselbe, der auch die Katharina Koch, eine bairische Magd, die fromm und innig dichtete, gefunden hat) auf sie gerieth, sich ihrer annahm und ihre Gedichte gesammelt heraus= gab.*) Nun flog ihr finsterer und einsamer Name wie ein Adler empor und auch den Wienern wurde sie jetzt durch eine Vorlesung der Frau Olga Lewinsky bekannt.

Soldaten kann man oft, wenn sie vom Marsche matt, ja wie geschlagen sind und wanken, so seltsam weh= müthig und zärtlich singen hören: aus lauter Erbarmen mit sich selber werden die Trotzigen dann weich und sanft. Millet, im „Angelus", und Bastien=Lepage, in der „Ernte", im „Père Jacques", in der „Jeanne d'Arc", haben diese große Güte der Beladenen gemalt: von der Ermüdung wie verklärte Mienen, die durch die Arbeit milde geworden sind. Das ist der Ton der Ambrosius. Ihre Lieder sind oft wie aus Ge= mälden von Millet entsprungen, so gütig rauh. Der schrieb einmal an Sensier: „Das Heiterste, was ich kenne, ist die Ruhe, die man in den Wäldern oder

---

*) Carl Schrattenthal, Johanna Ambrosius, eine deutsche Volksdichterin. Preßburg und Leipzig. Verlag von G. Heckenasts Nachfolger, Rudolf Drodtleff.

auf den Aeckern genießt. Man sieht, wie ein armes, mit einem Reisigbündel beladenes Wesen aus einem kleinen Feldweg herauskommt. Die Art, in der diese Gestalt vor einem auftaucht, erinnert augenblicklich an die Grundbedingung des Lebens, die Arbeit. Rings auf den Aeckern sieht man Gestalten hacken und graben. Man sieht, wie sich diese und jene in den Hütten aufrichtet und den Schweiß mit der umgekehrten Hand abtrocknet. Im Schweiße deines Angesichts sollst du dein Brot essen. Ist das eine fröhliche, scherzhafte Arbeit, wie sie gewisse Leute uns gern einreden möchten? Und doch findet sich hier für mich die wahre Menschlichkeit, die große Poesie." Diese drückt sie ernst und zuletzt doch freudig aus; jenes Schweigen der Wälder und der Aecker läßt sie klingen; aus bitterem Elend zieht sie den süßesten Honig und ist eine Nachtigall der Noth.

Sie ist gewiß kein großer Künstler. Das Feurige und Heroische der Natur redet nicht zu ihr; sie bleibt immer in den kleinen Gefühlen kleiner Zustände. Aber weil man ihre Ergriffenheit und Verzückung spürt, kann sie in dieser wirren und gefälschten Zeit eine gute und tröstende Mahnung sein.

Das Buch der Frauen.

Vor ein paar Jahren, als in Berlin der große Rummel von der „neuen Kunst" war, konnte man dort bei Premièren, auf Festen der freien Bühne oder wohin sonst die Modernen kamen, oft eine runde, kräftige und massive Frau sehen, die mit den zappeligen und hysterischen Alluren der anderen nicht stimmte. Sie hatte für die verzausten, unsteten und anämischen Männchen, die um sie wimmelten, das Schützende und Vorsehende einer eifrigen Henne und man mochte sie, wenn sie mit ihren breiten nnd festen Schritten ging, mit ihrer vollen und sicheren Stimme sprach, für eine brave Wärterin und bonne menagère nehmen, die nur immer reinigen, bürsten, fegen, lüften und keinen Staub lassen will. Gesund, wirtschaftlich, solid, gelassen, heiter und gescheit — Hans Sachs konnte sich seine Frau Ehrbarkeit nicht besser denken. Da durfte man denn billig staunen, von einer so biederen, züchtigen und recht deutschen Person sehr arge, lästerlich moderne, gar ketzerische Reden zu vernehmen, die „Emancipierte" sonst nur wagen, jene verfänglichen und jeder Sitte entlaufenen Unweiber, die gewaltsam Männer äffen. Das verwunderte an ihr: sie schien schon alle Aspirationen der Frau von morgen und schien doch noch alle Tugenden der Frau von gestern zu haben und, ohne das Weib zu sein, das wir kennen, blieb sie doch weiblich.

So ist Frau Laura Marholm: die moderne Art, die an den anderen Entartung, Laster oder Maske scheint, wirkt an ihr natürlich, gerecht und wahr. So sind auch ihre Schriften: sie haben die Kraft, an sich glauben zu machen; sie bestechen, sie verführen durch einen sehr redlichen Ton; man muß ihnen vertrauen. So bringen sie endlich, was immer noch fehlte: es redet endlich eine Frau von den Frauen und so, daß man es für wahr halten kann.

Das fehlte. Die Literatur von den Frauen ist erst männlich gewesen, dann weiblich geworden. Erst schilderten Männer die Frau, ohne sie irgend vom Manne zu trennen, höchstens im Grabe anders, nicht im Wesen, nur ein bischen milder, stiller, schwächer: sie identificierten sie mit ihm. Dann schilderten sie die Frau aus der Begierde des Mannes, wie der Mann sie wünscht, indem sie seine Träume verkörperten: sie idealisierten sie aus ihm. Endlich merkten sie doch, daß die Frau anders als der Mann, aber auch anders als sein Wunsch ist, und nun staunten sie unendlich und wollten es gar nicht fassen und fürchteten sich: sie stilisierten sie gegen ihn. Das gab jene Literatur der Verwünschungen und Entrüstungen wider die Frau, die von Baudelaire über Huysmans und Bourget zu Nietzsche und Strindberg geht, mit grimmen Citaten der Asketen, von Hieronymus, Tertullian und Augustinus, und dem ewigen Refrain von Wuth und Haß, den einmal Armand Silvestre hübsch gesagt hat: j'ai douté quelquefois que la femme fût la vraie femelle de l'homme. Die Frauen wurden die „grausamen Räthsel," grausam eben, weil sie Räthsel waren. Weiter konnten die Männer nicht kommen. Es war jetzt an den Frauen, endlich selber zu reden. Aber sie begannen, indem sie gewaltsam sich männlich verstellten, und es ist komisch, wie genau diese weibliche Literatur von den Frauen erst alle Phasen jener männlichen copierte, bis sie doch endlich den Muth fand, unbekümmert und unverhohlen zu reden.

Es ist noch nicht lange, daß einige Frauen das wagten, und über sie hat Frau Laura Marholm jetzt ein Buch geschrieben, das „Buch der Frauen,"*) über die Marie Baskirtscheff, die Herzogin von Cajanello, Eleonora Duse, George Egerton, Amalie Skram und Sonja Kowalewska. Nicht ihr Leben, sondern die letzte Verschwiegenheit ihrer Seele, ihre geheime Weiblichkeit will sie erzählen. „Was ich in ihnen suche und in diesen sechs Typen des modernen Weibes festhalten möchte, das sind die Manifestationen ihres Weibempfindens, wie es durchbringt trotz allem; trotz der Theorien, auf denen sie ihr Leben aufbauten, trotz der Ideen, deren Vorkämpferinnen sie waren, trotz ihrer Erfolge, die sie in stärkere Fesseln schlugen, als es die Unbemerktheit gethan hätte. Sie alle waren krank an einer inneren Spaltung, die erst mit der Frauenfrage in die Welt gekommen ist, an einer Spaltung

---

*) Verlag von Albert Langen. Paris und Leipzig.

zwischen ihrer Verstandesrichtung und der dunklen
Basis ihrer Weibnatur. Die meisten gingen daran
zu Grunde. Das Weib, das auf dem gegenwärtigen
Wege in der Selbständigkeit seine Befreiung sucht,
ist eine Flieherin vor den Leiden des Weibes.
Sie will sich immer der Vormundschaft, oft der Mutter-
schaft, gewöhnlich der Gebundenheit, der Unpersönlich-
keit des Weibes entziehen. Aber sie stößt sich damit
aus ihrem Weibsein selber hinaus und weiß es nicht.
Und alle diese sechs Frauen — jede in ihrer Weise
standen vor der zugeschlagenen Thür ihres inneren
Heiligthums und hörten den Gottesdienst der Mysterien-
feier herausklingen und bebten in sterilen Schauern
und schmachteten nach den belebenden Wonnen, von
denen sie sich selbst ausgeschlossen. Einige sprengten
die Thür und gingen hinein und wurden wieder des
Mannes. Andere blieben draußen."

Das Buch ist vortrefflich geschrieben, in einem
persönlichen, unverbrauchten und beweglichen Stile,
der geschmeidig in alle Wechsel der Stimmungen schlüpft.
Man höre etwa die Schilderung der Duse: „Während
ich sie sah, suchte ich, wem ich sie vergleichen konnte;
welche große Schauspielerin der letzten Jahre sie in
Relief zu stellen vermöchte oder gegen sie in Relief
hervorträte. Aber nicht die Wolter und nicht die
Bernhard, nicht die Ellmenreich und nicht die Con-
versationsvirtuosinnen des Théâtre français meldeten
sich, standen auf in meiner Erinnerung, lebten und
stritten wider sie. Die ganze Gruppe der französischen
Tradition und der deutschen Tradition stand abseits,

eine Einheit für sich — und auch sie stand abseits, eine Einheit für sich. Jene, eine abgeschlossene Welt und ein fertiges Culturbild — diese, zur Hälfte dasselbe, aber doch zur Hälfte eine Welt im Beginn und ein Culturbild im Werden. Nicht die Italienerin bloß gegen Deutsche und Französinnen, nicht eine Schule gegen andere Schulen — sondern ein Weibtemperament gegen andere Weibtemperamente, eine Differencierung der Sensibilität, gegen die ihre berühmte Vorgängerinnen etwas urweltlich Massives, etwas schreiend Grelles, ja man könnte versucht sein zu sagen, etwas geringer Weibhaftes haben. Vielseitiger sind viele gewesen, größere Mittel haben die meisten gehabt; aber vergleicht man sie mit der Duse, so sieht jene laute convulsivische Kunst auf einmal aus wie eines jener Makart'schen Monstregemälde, die so farbenfeurig waren und so fahl geworden sind, und betrachtet man die traditionssichere Virtuosenhaftigkeit der gefeierten dramatischen Künstlerinnen der siebziger und achtziger Jahre, so wirkt sie gegen das Spiel der Duse wie ein reich instrumentierter, prächtiger, lärmender Festmarsch gegen ein einsames Violinsolo, verloren hinausgeträumt in die Nacht . . . . Es ist etwas Müdes an Eleonore Duse, etwas so Müdes, so Müdes. Nicht die Müdigkeit der erschöpften Sinne, der schlaffen Blasiertheit. Auch nicht die Müdigkeit der abgehetzten Künstlerin, wenn auch die zuweilen hervorbricht und sie dann eine ganze Rolle einen ganzen Abend gleichgiltig fallen läßt. Auch nicht die Müdigkeit der inneren Leere, der hohle Klang des Affects, bei dem alle Virtuosen ankommen. Auch nicht die stumpfe Ermattung nach der aufgewühlten Leidenschaft, der Halbschlummer des Raubthiers, den unsere Tragöden und Tragödinnen zu spielen und zu fühlen lieben. Leidenschaft, die sogenannte große Leidenschaft, die kommt wie der Wüstenwind und Verdorrung und Gebeine hinter sich läßt, auch so eine alte Tradition von der griechischen Tragödie her bis auf den heutigen Tag — das ist etwas, was die Duse nicht kennt; die Brunhilden und Medeen und Messalinen und alle ehrgeizigen, sinnlichen und herrschsüchtigen Fürstinnen auf dem Kothurn sind nicht für sie geschrieben: sie ist keine historische Fürstin und Märtyrerin, sie ist Fürstin von eigenen Gnaden und ihre eigene Märtyrerin, und es geht durch all ihr Spiel immer ein Staunen darüber, warum sie leiden muß und gemartert wird, und zugleich ein schlummerndes Wissen, daß sie leiden muß und gemartert werden wird — und das giebt ihrer Seele jene tiefe, müde Melancholie. Denn es ist nicht ihr Leib, und es sind nicht ihre Sinne, und es ist nicht ihr Verstand, die so müde emportauchen, wie aus einer schweren Lethargie zur ersten Besinnung, sondern ihre Seele ist müde, so müde, voll von einer sanften, weichen, schmeichelnden, anlehnenden Müdigkeit, voll von der Müdigkeit der Einsamkeit, und darum zieht sie sich leise und bittend heran, wo es warm ist. Und es ist warm bei der Liebe. So spielt Eleonore Duse die Liebe. Nicht gierig und lechzend, mannartig fordernd, wie die Wolter und die Bernhard, nicht verbrennend in Sinnlichkeit und lüstern lockend, nicht befehlshaberisch als das große Weib, das den kleinen

Mann nimmt und geruht, ihn glücklich zu machen, — sondern sobald sie liebt, auch als „Fedora", ist sie immer das kleine Weib, und der Mann ist für sie der große Mann, der Geber, der ihr Glück in seiner Hand hält, nach dem sie sich hinschmiegt, ängstlich, fast schüchtern, mit dem ernsten, müden, halb kindlichen Lächeln, in den sie sich hineinstelt, wie die Heimgekommene sich wärmt am Feuer, an dem sie sich liebkosend festsaugt mit ihren scheuen, dünnen Kinder- und Mutterhänden. Nie ist das Weib weiblicher dargestellt worden, als von Eleonore Duse. Ja, ich nehme es auf meine Kappe und sage: nie ist das Weib auf der Bühne dargestellt worden vor Eleonore Duse. Denn es ist zugleich das wissende, reife Weib und das ewige Kind im Weibe und das erotische Schmachten, das Schmachten nach Inhalt — denn des Weibes Inhalt ist der Mann — das sie spielt. Das Weib ist sich nicht selbst genug, kann sich nicht selbst genug sein, es hat auch nichts von der momentanen Hingabe, es hat nicht genug damit, neben dem Manne zu leben — es kann nur leben im Manne. In seiner Zärtlichkeit ist ihre Lebenswärme. Sein Glühen, von ihr erweckt, darin ruht und schwillt und blüht ihre Vitalitätskraft. Er giebt die Wärme, in der ihr Leben aufgeht und prächtig wird und reich und stolz und gesund und sicher. Und sie giebt sich an den Mann, — nicht mit der dummen Unschuld des Kindes, nicht mit dem Jungfräulichkeitsdünkel der grünen verkapselten Knospe, nicht mit der Brunst der Buhlerin, nicht mit der herablassungsvollen Nachsicht der „keuschen Hoheit" des „reinen Weibes", nicht mit der kameradschaftlichen Biederkeit des Mannweibs, nicht mit dem Widerstreben des Zwitters — das alles haben wir auf allen Bühnen in allen Sprachen sattsam, seit wir sehen und denken konnten und auch noch früher, zu sehen und anerkennend zu genießen bekommen, denn das ist so ungefähr die bisherige Scala von Frauentypen, wie sie von großen und kleinen Schauspielerinnen verstanden und dargestellt worden. Und in diese selbe Scala und diese selben Rollen bringt nun die Duse etwas hinein, das bisher auf der Bühne nur so mit unterlief, das in der „großen Kunst" nur ein Kehlkunststück war und in der kleinen Kunst nur ein willkommenes Ingredienz, das sie aber zu der Saite macht, auf der ihre ganze Darstellung vibriert, zu dem Grundton und dem Sinn jeder ihrer Rollen, die ohne das keinen Sinn hätten. Sie giebt sich an den Mann mit der Innerlichkeit des wissenden Weibes, mit der zitternden, angstvollen Innerlichkeit der ganzen, vollen Weibhaftigkeit, der es graut vor ihrer leeren Einsamkeit, die hinschmelzen und sich selber finden will im Geliebten und schauernd fühlt: es sind immer nur Augenblicke, Augenblicke, die der Mensch hat, auf keine Dauer läßt sich rechnen, denn wir schwimmen auf einem dunklen Wasser vom Gestern zum Morgen, und unsere öde Sehnsucht ist nicht so bang wie unser angstvolles Zittern, unser fieberndes Horchen im Glück." Oder man höre sie über die deutschen Frauen: „Unter den Frauen, und nicht zum wenigsten den deutschen Frauen, ist es sehr allgemein, daß sie den Mann nicht so feierlich nehmen, wie er sich's einbildet und wie sie's ihm einbilden. Sie finden ihn komisch; nicht erst, wenn sie mit ihm verheiratet sind, sondern sogar schon, wenn sie in ihn verliebt sind. Die Männer wissen's gar nicht, wie komisch die Frauen sie finden; und nicht nur als Individuum, sondern ganz im allgemeinen als Mann. Das Komische liegt eben im Gegensatze zu ihnen selbst; in dem, worauf der Mann am meisten stolz ist. Je zarter, behender, feingebauter das Weib ist, desto lächerlicher findet es das komische Thier, das so schwerfällig ist und so weitläuftige Bewegungen macht, um an sein komisches Ziel zu kommen. Besonders für die jungen Mädchen ist der Mann ein ewiger Lachreiz mit einem Schauder drin. Wenn die Männer einen Kreis von Damen so unmäßig unter sich vergnügt sehen, so ahnen sie nicht, daß sie die Ursache sind. Und das ist wieder komisch. Und je braver, wärmer und besser der Mann ist, desto pathetischer verlangt er die großen Liebe und ist so ernst dabei, und das Weib, dem es außer den Nützlichkeitszwecken noch ein ganz specielles Vergnügen macht, ein bischen falsch zu sein, ist ernst und feierlich wie er — und macht sich doch nur was aus der kleinen Liebe, bei der man spielt. Denn das Weib will spielen, Abwechselung haben, veränderlich sein; der Mann gedeiht in der Einförmigkeit, das Weib verzweifelt darin. Je begabter der Mann ist, desto mehr bedarf er der Einförmigkeit, um sich in sich selbst zu versenken und aus sich selber zu schöpfen; je begabter das Weib ist, desto mehr bedarf es der Abwechselung und vieler Eindrücke, um von außen zu nehmen."

In diesem schillernden Stile wird nun allerhand gesagt, was sonst die Literatur von den Frauen noch nicht sagte, die männliche nicht, weil sie es nicht konnte, die weibliche nicht, weil sie es nicht wollte. Es werden Klagen und Wünsche gesagt, die jetzt in manchen Frauen sind. Diese Frauen klagen über den Mann. Sie schämen sich, daß sie geboren sein sollen, um vom Manne genossen zu werden, mit keinem anderen Amt, als nur sein Instrument zu sein. Das wollen sie nicht mehr. So lösen sie sich vom Manne, gehen weg, suchen ein anderes Glück. Aber sie suchen vergeblich. Sie gewahren, daß die Frau ohne den Mann nicht sein kann. So wollen sie wieder zum Manne zurück, aber anders: er soll jetzt geboren sein, von ihnen genossen zu werden, mit keiner anderen als seiner erotischen Bedeutung, nach der Lust, die er Frauen giebt. Das wünschen sie jetzt. Es hat damit begonnen, daß die Frauen nicht mehr dienen wollten. Es schließt damit, daß sie herrschen wollen.

Sacher-Masoch.

Als vor bald dreißig Jahren Leopold von Sacher-Masoch in die Literatur trat, priesen alle Kenner den Schwung, das Feuer, die Pracht seiner Werke, Kürnberger sogar, der Mürrische und Strenge, der nicht leicht was gelten und sich nicht blenden ließ, grüßte ihn laut und die Menge jauchzte dem seltsamen, bunten, unheimlichen Zauberer zu. Er schien der Mächtige, die leere und müde Manier der Epigonen zu vertilgen, das brausende Leben einzulassen und den gierigen Sinnen, den lechzenden und verwöhnten Nerven der neuen Zeit gerecht zu dienen. So neigten sich alle vor seiner heißen Kraft und der Ruhm hüpfte, gleich einen gehorsamen Hündchen, munter vor ihm her: er trat wie ein Talent in die Literatur.

Er war es wohl auch. Er war es gewiß mehr als die sanften, blassen, schwachen Söhne der Romantik, die damals im Schatten der Vergangenheit „dichteten", auch mehr als die prahlerischen Zwerge, die seit ein paar Jahren in Berlin so thun, als ob die Deutschen wieder eine Kunst haben könnten. Man durfte hoffen: denn er hatte immer Farbe, manchmal Größe und spürte das Leben. Es ist sehr traurig, daß er diese Gaben vergeudete, dem Schönen nicht nützte und darum so elend sterben mußte, verlassen, vergessen, verachtet. Wie will man dieses schlimme Schicksal deuten?

Man kann viele Gründe nennen. Man kann sagen: er wurde zu schnell berühmt und die Angst, daß ihm das muntere Hündchen entlaufen könnte, nahm ihm alle Besinnung und Ruhe. Unter dem Zwange, immer zu bethören, zu verblüffen, um jeden Preis stets unerhört zu sein, verlernte er es, sich schlicht und ehrlich zu bekennen, und wurde in die Irre getrieben, gewaltsame Treffer zu suchen. Er dachte nicht mehr an sein Werk, er dachte nur noch an die Wirkung. Er wurde wie ein Schauspieler, der „auf den Abgang spielt". Vielleicht hatte sein Talent auch gleich anfangs schon alles gegeben und an der Sucht, mehr als sein Talent zu geben, mußte er verderben. Oder man kann auch sagen: die deutsche Misère war schuld, da ja in Deutschland ein Dichter, der es versäumt, sich in den Journalismus oder auf die Bühne zu retten, nicht leben kann, ohne den gemeinen Instincten der Menge nachzugeben; das Geschäft zwang ihn, gerade das Häßliche zu pflegen, das er doch in sich verwinden sollte. Oder man kann sagen: die Presse hat ihn auf dem Gewissen, die ja in Deutschland nicht fragt, wer Talent, sondern wer eine ihr angenehme Gesinnung hat; sie konnte es dem armen Ruthenen nicht verzeihen, daß er so wenig deutsch that, lieber für Victor Hugo als Herrn Rittershaus schwärmte und sich erkühnte, Menschen statt Preußen zu schildern. Das alles kann man sagen. Und das alles ist ja wahr. Aber durch solche Aeußerlichkeiten wird doch ein Schicksal noch nicht erklärt. Was war seine innere Verschuldung?

In den Biographien der Meister finden wir immer eine Stelle, wo sie aufhören, für sich zu sein, sich zum Ganzen wenden und mit ihren Kräften dem Allgemeinen dienen wollen. Diese Wendung trennt die kleinen versprechenden von den großen gewährenden Talenten. Wer sie nicht vermag, kann nicht reifen; er verödet. Goethe pflegte die Lernenden zu mahnen, eifrig „den Gehalt der eigenen Persöhnlichkeit zu steigern", unerbitterlich "abzuschütteln, was ihnen nicht gemäß" und "sich nie fremden Anforderungen zu fügen"; aber wenn sie dann so zu sich selber und in den freien Besitz ihrer Kräfte gekommen waren, dann wies er sie auch unermüdlich an, sich bemüthig ans Ganze, ins Allgemeine hinzugeben und "in der großen, geregelt thätigen Masse mitwirkend sich zu verlieren", da sich doch keiner einbilden dürfte, "ein Autochthone zu sein", sondern alle lieber streben sollten, auf die Ueberlieferung zu hören und ihre Pflichten aus ihr zu vernehmen:

> "Das Wahre war schon längst gefunden,
> Hat edle Geisterschaft verbunden,
> Das alte Wahre, faß' es an."

Man muß trachten, die Geisterschaft zu finden, der man durch sein Talent angehört, ihre Gesetze zu fühlen und so ihr Instrument zu werden. Das gelang Sacher-Mosach nicht. Es gelang ihm nicht, seinem Talente ein Vaterland zu finden. Es gelang ihm nicht, sich ins Ganze zu fügen. Es war freilich auch schwer für ihn. Wo hätte er denn ein Glied werden sollen? Er wurzelte nirgends. An die große Vergangenheit der österreichischen Literatur konnte er sich nicht wenden, weil er gar nicht wienerisch war. Die Deutschen haßte er. Der slavischen Tradition war er entwachsen. Es gab keine Cultur, die seinem Talente gemäß gewesen wäre. Es gab keine Gemeinschaft, die er als den Ausdruck seiner Kräfte fühlen konnte. So löste er sich von den Menschen, sonderte sich von der Welt, gehorchte statt ihren Gesetzen nur seinen Launen und statt Vergangenheit und Gegenwart der anderen in sich walten zu lassen, verhärtete er sich trotzig allein und unfruchtbar mußte seine einsame Schönheit verschmachten.

Das Schicksal des Sacher-Masoch ist eine Warnung vor dem Dünkel und eine Lehre der Demuth. Es sagt, daß wir uns nicht vom Leben trennen sollen, um jeden Preis immer anders als die anderen, sondern daß wir unsere Seele nur als eine Anweisung auf unseren Posten im Ganzen betrachten sollen. Auf seiner langen Wanderung nach der Pflicht des Menschen ist Barrès im Jardin de Bérénice zu dem Schlusse gekommen: Il faut trouver à son Moi une direction en harmonie avec l' Univers. Wer das nicht kann, wird vielleicht eine Zeit sehr „interessant" sein. Aber er wird nicht wirken und helfen.

Alexandre Dumas fils.
(Gestorben am 27. November 1895.)

Die Goncourts haben im dritten Bande ihres „Journal", am 16. März 1867, eine Première von Dumas geschildert: „Ein seltsames Publikum, wie es kein anderer Autor hat. Man scheint nicht zur Vorstellung eines Stückes, sondern eher zur Feier einer Art von Messe vor einer Gemeinde von Gläubigen zu kommen, die sich vor Extase winden und verzückt in Krämpfen stöhnen: wunderbar!" Aehnlich hat Zola einmal gesagt, die Zuhörer hätten seine Tiraden mit einer Andacht verschlungen, comme ils avaleraient des hosties. Wie ein Priester, Heiliger und Prophet, der die Worte des Lebens spendet, war er verehrt. Noch Lemaître hat seine Werke mit dem theâtre des grandes classiques, mit Corneille, Racine, ja Sophokles verglichen und bekannt: „Ich habe, es fehlt nicht viel, Herrn Dumas neben Christus und Buddha gestellt." In den Achtzigerjahren wurden zuerst Zweifel laut; Zola sprach die Meinung der neuen Generation aus: „Je n'aime guère le talent de M. Alexandre Dumas. C'est un écrivain extrêmement surfait, de style médiocre et de conception rapetissée par les plus étranges théories. J'éstime que la postérité lui sera dure." Nun fing man an, ihn unter die falschen Größen einer schlechten Periode zu rechnen. Den jungen Leuten von heute heißt er ein Fabrikant von Werken, die mit der Literatur nichts zu thun haben und beschuldigt werden, durch ihre mondanités inconsistantes, wie Jean Jullien gesagt hat, die Bühne zu corrumpieren. Wie ist er zu jenen Ehren, wie zu dieser Schande gekommen? Daraus könnte man vielleicht allerhand über unser Verhältnis zu jener Zeit erfahren.

Sein Name trat mit dem General Alexandre Davy de la Pailleterie in die französische Geschichte ein. Dieser wilde, ungestüm durch Europa wüthende Held war einem herumzigeunernden Marquis auf San

Domingo von einer Negerin geboren, stieg vom gemeinen Husaren in sieben Jahren zum Commandanten der Armee auf, focht in den Alpen, der Vendée und Egypten, wagte sechzig Mal sein Leben, bedrohte Bonaparte an Ruhm und hat sich in einem neapolitanischen Kerker den Tod geholt. Der Sohn, der jetzt der ältere Dumas heißt, glich ihm: ein Koloß, schnaufend vor Fülle und Tumult der Seele, enorm an Leidenschaft und Kraft, konnte er den Mulatten, den Abenteurer, den Eroberer nicht verleugnen. Er hatte ein lediges Kind mit der Tochter seines Hausmeisters, dem Fräulein Lucie Persigal, einer Jüdin. Den Dünkel einer revolutionären Soldateska vom Großvater, von der Urgroßmutter jene verhaltene Wuth von Sclaven, alle Rancunen dieser bedrückten Rasse von der Mutter her, also aus drei Generationen dreimal Rebellion im Blute, wuchs der Bastard geächtet auf und ein Rebell ist er immer geblieben, mit Dramen revoltierend gegen die Heucheleien und Unbilden der bürgerlichen Welt.

In der Préface des Fils naturel hat er gestanden, sich als Moralist und Legislateur zu fühlen; die Ketten der Gesellschaft wollte er sprengen. Das heißt, er ist kein Dichter gewesen: in die reine Schönheit des Ewigen und Unabänderlichen drang er nicht vor; er blieb in der Enge moralischer Fragen und socialer Beschwerden stecken. Er konnte nicht zur Natur gelangen; er war im Künstlichen von Verordnungen und Beziehungen gefangen. Der Bürger ließ ihn nicht Mensch sein. Diese Begierde, Mensch zu werden, den Zorn, immer nur Bürger zu sein, und den Haß gegen die Gewalten einer Ordnung, die er als widernatürlich empfand, hat er mit einer unwiderstehlichen science du théâtre, aller Routinen mächtig, ausgedrückt. Georges Pellissier sagt mit Recht, daß seine für so subversiv verrufenen Komödien nichts enthalten, das man nicht in jeder Kirche hören kann; in der That will er, wie jeder Prediger thut, die Hörer nöthigen, ihre weltlichen Relationen zu verlassen und in sich, ins rein Menschliche einzukehren. Er geht immer gegen das, wie er es genannt hat, jugement absurde de l'aimable société où nous vivons los. Für den Bastard, die Gefallene, ja die Dirne tritt er ein, betheuernd, daß diese bloß gesellschaftlichen Bedeutungen menschlich nichts gelten. Das ist die Wahrheit, die er gebracht hat. Wir lächeln heute, wenn wir sie hören: so banal ist sie uns geworden. Aber die Leute vor zwanzig und dreißig Jahren athmeten auf. Sie waren in der Lüge erzogen, die seit der großen Revolution Europa beherrschte, das Bürgerthum sei die Menschheit und mit ihm regiere die Natur. Diesem Wahne hat er sie entrissen. Er erinnerte sie, daß Bastard und Dirne nur amtliche Rubriken, bloße Bequemlichkeiten der Polizei sind, die so Gute als Böse enthalten, und daß erst, wo diese Nomenclaturen enden, jenseits das Menschliche beginnt. Man lächelt heute über seinen Eifer. Man leugnet nicht, daß er Recht hat. Aber was geht das das Drama an? Gewiß, ein Bastard kann ein braver Mann sein, eine Dirne kann lieben und man kann eine Gefallene heiraten. Aber wozu es erst noch dramatisch beweisen? Gewiß, zwei Mal zwei ist vier, die Erde ist rund und eine Stunde hat sechzig Minuten. Aber muß das deswegen gleich auf die Bühne? Ist es ihr Amt, alte Evidenzen darzustellen? Ist sie ein Katheder, ist sie eine Zeitung?

Den Leuten vor zwanzig und dreißig Jahren brannten die Fragen seiner Dramen auf dem Gewissen. Beklommen hegten sie sie, ängstigten sich und lauschten. Auch hatten sie das Wesen der Bühne verlernt. Die neuen Menschen von heute, diese stillen, in sich gekehrten, gegen die Sorgen der Existenz hochmüthigen, ja ein wenig spöttischen Menschen können es kaum mehr begreifen. Seine Fragen sind ihnen nicht mehr fraglich; auch gehören sie in die Region des Nützlichen, während die Kunst ihnen erst in der reineren Region des Schönen beginnt. Die Bedürfnisse der Gesellschaft, die täglichen Angelegenheiten der Bürger, das Politische und Polizeiliche verweisen sie von der Bühne; das ewig Waltende, die großen Mächte des Lebens wollen sie, daß das Drama zeige. Was er verhandelt, hat keine Gewalt mehr über das freiere Gemüth der Gegenwart, und daß er es, die dramatische Form mißbrauchend, auf der Bühne verhandelt, empört sie.

J'éstime que la posterité lui sera dure, hat Zola geschrieben. Wenn sie ihn als Menschen nimmt und seine Zeit bedenkt, braucht sie es nicht zu sein. Sie muß sich nur hüten, ihn als Künstler zu betrachten. Das ist er nicht gewesen. Aber daß er ein verwegener Rebell gegen die bürgerlichen Conventionen war, soll sie ihm nicht vergessen. In der Geschichte des Theaters wird er nur unter den Verirrungen der Routine stehen. In der Geschichte der moralischen Ideen ist sein Platz. Er hat eine Generation, die daran war, sich an die Interessen ihrer Classe zu verlieren, zur Besinnung gebracht. Als eine Art von Kirchenvater des zweiten Empire wird er auf die Nachwelt kommen.

Seine Kanzel war die Bühne. Wir glauben, daß sie ein Altar sein soll. Sie soll uns nicht Pflichten verkünden, sondern dem Ewigen Opfer bringen und das Wunder und Geheimnis der Natur uns in seligen Communionen schauen lassen.

Verlaine.

(Gestorben am 9. Jänner 1896.)

Paul Verlaine ist fort. Bei seinem Namen denkt sich die Menge nichts, sie kannte ihn kaum; nie hat er sich mit Ruhm befleckt. Aber wir wissen schmerzlich, daß mit ihm der letzte Dichter des heutigen Frankreichs gestorben ist; nun hat es gar keinen mehr und schaut ins Dunkle. Indem dieser wunderliche und kindische Greis schied, ist sein Land, fühlen wir, arm und leer geworden. Die anderen können ihm nicht helfen; rasch wird ihr Andenken zugewachsen sein. Wer wird in hundert Jahren noch von ihnen wissen, was wird dann von ihren Werken noch leben? Ein paar Seiten von Hugo, ein paar Verse von Lamartine, Musset und Baudelaire, ein paar Sätze von Villiers de l'Jsle-Adam, Hello, Flaubert, den Goncourts, Maupassant und Barrès, im Schatten einer Legende von Balzac als einem wilden Riesen, der zu seinen Füßen ein Gedränge von Knechten hat, das Stendhal, Merimée und Barbey d'Aurevilly anführen; der Rest wird vergehen. Aber undenkbar ist es, daß je die Lieder von Verlaine vergehen können, solange noch irgend ein Hall der französischen Sprache unter den Menschen ist. In ihnen scheint diese ja ihren ganzen Schmuck vergraben zu haben; davon leuchten sie so.

Ich unterfange mich nicht, seine Bedeutung anzusagen. Vermessen würde es mich dünken, mit meinem kleinen Verstande an den Erhabenen heranzutreten. Tief sollen wir uns vor ihm neigen und danken, daß er da war. Es hätte auch keinen Nutzen, seine persönlichen und besonderen Züge zu verzeichnen. Wer das Mächtige eines stolzen und mit Pracht seine Fittiche schlagenden Adlers mittheilen will, wird nicht suchen, was an diesem Adler anders sein mag als an den anderen; nicht dieses macht seine Größe aus, sondern daß er ein Adler ist; das bewundern wir. So bewundern wir Verlaine, weil er ein Dichter war. Mehr soll man von ihm nicht sagen wollen, freilich ist in dies edle Wort dabei der reine Sinn zu legen, den es im hohen Alterthum anhatte; seitdem ist es herabgekommen und entweiht worden. In der Höhe der Dichter entschwinden uns ihre einzelnen Dinge; nur das Allgemeine ihrer großen Art bleibt sichtbar. Das mögen wir ehren! Mit Recht hüten sich die Franzosen, ihn zu beschreiben; es genügt ihnen, ihn den Villon unserer Zeit zu nennen. Deutschen wird ein anderer holder Name näher sein: uns scheint aus seinem Gesange Herr Walther von der Vogelweide aufzustehen. Es ist seltsam, wie die zwei sich gleichen. Walthern denken wir uns gern auf einem Steine, Bein mit Bein gedeckt, das Kinn und eine Wange in die Hand geschmiegt, um den Reden seiner Seele zu lauschen; so lassen die Schilderungen Verlaine in einer Ecke stiller Kneipen sitzen, auf die Platte gestützt und nach seiner Art mit einem Zipfel des Gewandes sein elendes Angesicht verhüllend, um ungestört sein inneres Schauspiel zu betrachten; diese rührenden Statuen der Frömmigkeit habe sie uns hinterlassen. Beiden war Schönheit am Leibe versagt; desto inniger lechzten sie nach ihr. Beide haben geschwelgt und bereut; die verblühte Lust der Sinne haben sie mit Andacht abgebüßt. Beide haben das Sterben als eine Genesung an der Seele begrüßt, die der Weise nicht fürchten kann. Arm und sündig sind sie durch die Welt gezogen, rechte Vagabunden, in den bürgerlichen Dingen fremd, immer nur ihrem großen Staunen hingegeben, über den Frühling staunend und über die Frauen und über alle Creatur, die Wunder des lieben Gottes preisend, der alles so schön, so unaussprechlich schön gemacht, und jeden Tag ist ihnen von neuem gewesen, als würden sie alles zum ersten Mal sehen.

Betend, bald mit den Sinnen, bald mit dem Herzen, verzückt oder zerknirscht, haben sie ihr Leben hingebracht und kein Gefühl bewahren können, gleich ist es ihnen in süßen Worten von den Lippen getropft. Noch einmal sei es gesagt: sie sind Dichter gewesen. Wer fühlt, was in diesem Wort an theueren Schätzen liegt, braucht nicht mehr und die anderen können es doch nicht fassen.

Nach seinem wüsten Schädel und dem lüstern triefenden Munde hat man ihn oft mit einem Faun verglichen. Es giebt ein Bild von Böcklin: ein Faun liegt im Grase und bläst einem Vogel etwas vor und so seltsam und milde ist es, wie das Vögelchen noch nie vernommen hat. So hat Verlaine still vor sich hin geblasen, was er in seinem Herzen rauschen hörte, und die Jugend von Frankreich ist im Kreise um ihn gesessen und hat selig gelauscht, wie seine tiefen Weisen tönten. Eine solche Gewalt hatte er über die Worte, daß selbst die alten, ermatteten und welken, wenn er seine sanfte Hand an sie legte, auflebten und wie Neugeborene zu lächeln schienen: mots frais, la phrase enfant, style naif et chaste, hat er es selber genannt. Er suchte nichts; er nahm die gemeinen Worte, die in allen täglichen Gesprächen liegen, aber sonst schlafen sie, in seinem Munde wachten sie auf und wir konnten ihnen in die Augen schauen. Oft hat er die einfachsten Dinge so gesagt, daß man sie nie mehr vergessen kann; mit seinen Worten hat er den Dingen ihre Haut angezogen:

> „Je te vois encore à cheval
> Tandis que chantaient les trompettes,
> Et ton petit air martial
> Chantait aussi quand les trompettes" —

er scheint nicht von den Dingen, die Dinge scheinen aus ihm zu reden. So hat er von verruchter Lust gesungen:

> Ma douce main de maitresse et d'amant
> Passe et rit sur ta chère chair en fête,
> Rit et jouit de ton jouissement.
> Pour la servir tu sais bien qu'elle est faite,
> Et ton beau corps faut que je le dévête
> Pour l'enivrer sans fin d'un art nouveau
> Toujours dans la caresse toujours prête.
> Je suis pareil à la grande Sappho —

so hat er verlorene Liebe beklagt:

> O triste, triste était mon âme
> A cause, à cause, d'une femme
> Je ne me suis pas consolé
> Bien que mon coeur s'en soit allé,
>
> Bien que mon coeur, bien que mon âme
> Eussent fui loin de cette femme —

so hat er gelacht:

> Dieu, nous voulant amis parfaits, nous fit tous deux
> Gais de cette gaîté qui rit pour elle — même,
> De ce rire absolu, collossal et suprême,
> Qui s'esclaffe de tous et ne blesse aucun d'eux —

so hat er gebetet:

> Comme l'Église est bonne en ce siècle de haine —

und

> Je ne veux plus aimer que ma mère Marie.

... comme j'étais faible et bien méchant encore,
Aux mains lâches, les yeux éblouis des chemins,
Elle baissa mes yeux et me joignit les mains,
Et m' enseigna les mots par lesquels on adore —

so hat er sich gesehnt:

C'est vers le Moyen Age énorme et delicat
Qu'il faudrait que mon coeur en panne naviguât,
Loin de nos jours d'esprit charnel et de chair triste —

und immer fühlen wir, da hat sich die Sache selber ausgesprochen, anders kann man sie nicht mehr sagen.

Als es ihm in diesem Winter schon recht schlecht ging und er nicht mehr ausgehen durfte, hat er sich auf eine komische Art die Zeit vertrieben. Er ließ sich einen Pinsel und eine kleine Flasche mit Lack kaufen und fing nun an, seine Sachen alle fleißig zu vergolden, Stühle und Tische und sogar die Lampe, bis es in seiner dürftigen Stube wie bei einer Fee in ihrem Palaste glänzte; ganze Tage arbeitete er daran und strich wieder und bürstete, so lange er sich noch rühren konnte. So kindisch ist er gewesen. Er ahnte wohl nicht, wie sehr in diesem eitlen Spiel ein Sinnbild seines Wesens war: durch sein Vaterland ist er mit verzaubernder Hand gegangen und siehe, was er berührte, wurde hell und wie gemein es sonst war, glänzte, wenn er sich näherte, und wenn er eine Stube betrat, leuchtete sie wie der Palast einer Fee und immer, wohin er kam, hat er Gold ausgestreut. Er brauchte nur zu reden, gleich floß Glanz herab.

Hinter seinem Sarge ist kein Diener des Staates gegangen: alle Anfechtungen durch bürgerliche Ehren hat er besiegt; nie hat er sich verlocken lassen. Junge Leute trugen seine Leiche hinaus, das Volk hat ihn begraben. Unter dem Volke ist er gestorben, im Volke wird er leben.

Hello.

Die jungen Franzosen, das Geschlecht von 1870, sonst sehr strenge, ohne Achtung vor Maupassant, Zola und Bourget, höchstens noch für Ibsen und Nietzsche empfänglich, verehren zwei Meister: Emerson und Hello. Wer ist Hello? Vor vier Jahren wußten noch die Kenner selbst kaum seinen Namen. Als damals der muntere Huret, dieser listige Spion der geistigen Moden, die Pariser Dichter über die Zukunft und Entwickelung der Literatur verhörte, sagte ihm J. K. Huysmans: „es giebt in unserem Jahrhundert einen gewissen Hello, der mächtiger als alle diese berühmten Psychologen von heute, die Bourget und Barrès, ist." Das intriguirte ungemein. Hello? Wer war dieser Hello? Lebt er noch? War er todt? Und was hatte er geschrieben? Gedichte? Romane? Dramen? Niemand kannte ihn. Und man hatte lange Mühe, durch viele Forschungen zu vernehmen, daß Ernst Hello, geboren 1828, ein katholischer Journalist war, Verfasser von meistens polemischen Broschüren und allerhand Artikeln im Univers, Monde, Moniteur, Gaulois, Courrier de Bruxelles, in der katholischen Welt sehr gepriesen, übrigens seit 1885 verstorben.*) Zu den Philosophen, welche ihr persönliches Verhalten zu den Dingen in Gesetze bringen, kann man ihn nicht stellen, weil er das katholische Dogma als unantastbar nimmt, nicht prüft, sondern glaubt. Ein Journalist ist er, wie fleißig er auch in Zeitungen schrieb, nicht, weil er von den täglichen Dingen immer gleich zu den ewigen Fragen geht, die Fläche der Erscheinungen nicht achtet, sondern unter sie in das Wesen will. Am ehesten darf er, obwohl im technischen gering und mühsam, wohl noch ein Dichter heißen, ein Rhapsode in Prosa, der, von mächtigen Dingen besessen und pindarisch verzückt, in der jähen, stürmischen und gestauten Sprache eines Illuminierten, mit den Gesten eines zürnenden Priesters, aus heiligen Extasen redet.

Diese Reden wirken sehr. Wer sie hört, ist von ihrer ungestümen Kraft gefangen und mag leicht dahin gerathen, in ihrem Banne selbst das überschwengliche Lob seiner Verehrer zu begreifen, die ihn über Balzac, La Bruyère, Pascal, ja über Shakespeare und Tacitus

---

*) Seine vorzüglichsten Werke sind: „Philosophie et Athéisme." — „Les Physionomies de Saints." — „Les contes extraordinaires." — „Les Plateaux de la Balance." — „L'homme." Von diesem ist jetzt eine neue Ausgabe, mit einer Einleitung von Henri Lasserre bei Perrin & Cie. erschienen. Ebenda auch seine Biographie von Joseph Serre.

erheben. Drumont hat von ihm geschrieben: „Der Autor des „goldenen Kalbes" ist den größten Dichtern, Dramaturgen oder Moralisten aller Zeiten ebenbürtig. Kein Realist vermag eine ähnliche Gewalt der Wirkung. Kein Prophet hat einen mächtigeren Flügelschlag. Keiner ist in tiefere Tiefen gestiegen, hat die Dinge näher gesehen, hat sie aus solcher Höhe gesehen." Und Barbey d'Aurevilly schrieb: „Vor der teuflischen Flamme seines „Geizigen" werden alle bekannten Geizigen, die Erfindungen so vieler Generationen von Genies, die Harpagon, Shylok, Tony Fraster (von Kenilworth), Grandet blaß und verschwinden in nichts. Verglichen mit dem „Ludovic" Hellos sind sie nicht mehr Geizige, als Eunuchen Männer sind. Welche ungeheure und entsetzliche Schöpfung! Nie hat man tiefer gegraben, weiter gegriffen, als in dieser Erzählung, die Shakespeare bewundert hätte!" Das klingt fanatisch und absurd; doch wer eben von seinen Werken kommt, ist geneigt, es zu billigen und zu bestätigen. So unwiderstehlich und verführend ist ihr Zauber.

Aber wenn man diesen Zauber prüft, wenn man ihn definieren will, wenn man sein Wesen und seine Mittel sucht, geht es wunderlich: man kann sie nicht haschen und fassen; sie entgleiten den feinsten Fingern. Was er sagt, ist es nicht, das wirkt; und wie er es sagt, ist es auch nicht. Seine Gedanken sind nicht neu, nicht immer wahr; seiner Form fehlen die edlen und bizarren Zierden der Stilisten. Es muß ein anderes hinter den Gedanken, neben der Form sein, das zu locken und zu halten weiß. Man mag an Lord Chatham denken, der alle Welt, wie Emerson erzählt, durch seine Worte, seine Thaten fühlen ließ, daß in ihm etwas war, das schöner wäre, als was er sprach und that. Oder man denke an Carlyle, denke an Liszt. Es giebt Mächtige, die unmittelbar die Wirkung der Macht üben, ohne erst Thaten und Werke zu brauchen. Sie treffen uns, ohne sich erst auf dem Umwege von Worten und Handlungen mit uns zu verbinden. Sie wirken ohne Gesten durch ihre bloße Existenz. Von diesen ist Hello. Wie manche Stimmen rühren, wenngleich ihre Worte nichts bedeuten, ja der Klang heiser, dürftig, unschön sein mag, nur weil sie uns Güte vermuten lassen, so zwingen seine Sätze: denn sie haben den Accent eines großen Mannes. Das ist ihr Zauber. Es ist der Zauber einer gewaltigen und edlen Männlichkeit, einer Natur von großer Eminenz, wie Goethe sagen würde, oder, um in seiner Sprache zu bleiben, einer bedeutenden Entelechie. Er giebt uns nichts, das uns fördern würde; aber er ist da. Und schon diese Gegenwart allein kann trösten, stärken, führen.

Größe — das ist sein Wort. Was er nimmt, wird groß. In seiner Hand wachsen die täglichen und geringen Dinge und schwellen an, weil er sie aus dem Zufälligen löst und immer alles ins Ewige stellt. Daher die Wucht und Kraft seiner Betrachtungen, die immer schwer und feierlich sind. Wie er sagt: „Nur wenn man jede Sache als Typus nimmt, kann sie erst mit der ganzen Macht ihrer Schönheit ober Häßlichkeit erscheinen. Wenn man sie bloß in ihrer täglichen Gestalt sieht, in ihrer häuslichen Existenz, scheint sie zu verlieren, schwächer und geringer zu werden, weniger schön und weniger häßlich: sie scheint in der Nähe andere Maße zu haben, als aus der Entfernung. Und doch ist sie immer gleich in ihrer ewigen Bedeutung, wie in ihrer besonderen Erscheinung." Daher sein Haß des gewöhnlichen, im Gemeinen befangenen Menschen, der nicht schlecht, aber ohne Schwung ist; daher sein Haß der „Gesellschaft" — „wenn ein lebendiger Mensch zufällig in die Gesellschaft geräth, muß er sich unbedeutend stellen, mehr noch als die anderen, weil er von vorneherein verdächtig ist. Wenn er jede Wahrheit und jedes Licht in sich löscht, wird man ihn vielleicht eine Weile dulden. Aber da sich das Wesen der Dinge auf die Dauer nicht verleugnen läßt, wird die Gesellschaft sich bald von ihm trennen" — daher sein Haß gegen das mesquine, eitle, nichtige achtzehnte Jahrhundert, dessen „Riesen" Delille, Lebrun, Crebillon, Marivaux, Fabre d'Eglantine und Dorat waren. Daher seine Verachtung der üblichen Kritik — „im allgemeinen hält die übliche Kritik alles für unmöglich. Sie läßt nur zu, was in ihren Gewohnheiten ist. Und da das Genie nicht in ihren Gewohnheiten ist, behandelt sie es, wie sie vor ein paar Jahren noch Locomotive und Telegraphen behandelte. Sie verbietet dem Menschen, er selbst zu sein, und gebietet ihm, den anderen zu gleichen; das ist ihre Strenge. Die gewöhnlichen Menschen brauchen sich nur zu melden und sie öffnet ihnen alle Thüren; vor dem erhabenen Menschen verschließt sie sie instinctiv." Daher seine Liebe der Heroen — „un homme de genie est quelque chose de plus que des milliards d'hommes de talent." Daher seine Formel der Kunst, „qui était, qui est et qui sera une ascension." Daher seine Begeisterung und Leidenschaft für Stil — „der Stil ist die Explosion unseres Wesens; er ist unsere Schöpfung. Die Idee, die wir sagen, schaffen wir nicht. Aber wir schaffen unseren Stil. Im Stile offenbart sich das Genie: er ist seine Residenz, sein Beweis, sein Zeichen, sein Ruhm. Was immer du sagen magst, wenn der Stil dir fehlt, wird der Ruhm dir fehlen. Der Mensch, der seinen Stil gefunden hat, verliert, wie der Herrscher, das Vergnügen des Incognito: wie er spricht, erkennt man ihn wieder. Man kann einem Menschen alles stehlen, nur seinen Stil nicht. Der Stil ist unverletzlich, wie das Wesen selber, dessen Form er ist."

Hello wirkt durch seine Gegenwart, nicht durch seine Thaten und Werke. Er giebt keine Gedanken, die beruhigen, erziehen, leiten könnten. Er will nicht durch Reize der Form gefallen. Aber er hält den Wankenden und Suchenden das Muster einer festen, in sich ruhenden, unweltlich aus sich lebenden Natur vor. So fühlen wir ihn, wie wenn man durch das ungeheure Schweigen eines großen Waldes geht oder nachts das Meer rauschen hört oder einen Adler stumm im Käfig sitzen sieht. Als ein Mittel, vom Täglichen, Gemeinen, Rohen der Sinne frei zu werden und sich auf sich selber, auf die stille, gebietende Stimme der Seele zu besinnen, verehren ihn die jungen Leute.

Villiers de l'Isle-Adam.

Zu Napoleon kam, als der Auguftenburger für Holftein, Maximilian für Mexiko kandibierte, eines Tages ein Dichter und erfuchte ihn um den Thron von Griechenland: als König der Hellenen würde er endlich feine Schulden bezahlen, ein anftändiges Auskommen haben und ungeftört, von keiner Sorge bedrängt, in Muße dichten können. Als das bekannt wurde, gab es in ganz Paris ein großes Geschrei; die Bürger ärgerte es, daß ein Bummler, Bettler und Phantaft fo vermeffene Wünsche hegen durfte, und die Künstler ärgerte es, daß ein Poet fich zu einer fo unromantischen und gemeinen Beschäftigung, wie es das Regieren ist, erniedrigen wollte. Aber das bekümmerte ihn wenig: er war zufrieden, wieder einmal die Menge verblüfft und entrüftet zu haben; und fo wanderte er höchft vergnügt aus dem Palafte wieder nach feinen Kneipen auf dem Montmartre zurück.

Diefer Dichter, dem es fo wichtig war, die Leute in Geberden, Worten und Werken zu befremden, zu

ängftigen und zu kränken, hieß Villiers de l'Isle-Adam.
Man kannte von ihm damals nur erst die contes
cruels, ein eigenfinniges, wildes, gewaltfam hämifches,
ja unheimliches Buch, das allerhand von Byron,
Flaubert und Poe, Hohn, Ironie, Tücke, Grimm und
Haß mit Verzückung, Schwärmerei und Leidenfchaft
zum Grufeln mifcht. Aber fchon war eine ganze
Legende um ihn gewoben. Man wußte, daß er unftet
als Vagabund in Spelunken mit Verbrechern haufte,
zu arm, eine Kammer zu miethen, oft auf einer Bank
irgendwo fchlafend oder auch, wenn die Polizei ihn
verfcheuchte, Nächte lang unter dem Monde irrend,
von Reimen trunken. Man fcheute feine hagere, ver-
bogene Geftalt mit der gelben, von rothen Flecken
gefprenkelten Miene, die unter den wüft flatternden
Haaren noch fahler, noch fchändlicher, noch fanatifcher
fchien. Man erfchrak vor feinem grellen, heiferen,
wie Scherben klirrenden Gelächter. Und er hatte feine
Freude, eine bittere häßliche Freude daran, fich fo
verkannt, gemieden und gefürchtet zu fühlen, weil er
fich gewaltfam von den Menfchen trennen, den täglichen
Jammer vergeffen und für fich fein wollte, mit feiner
Seele allein. Kaum ein paar Freunde durften ahnen,
wie er war. Die Menge narrte er. Den Ruhm ver-
fchmähte er.

1889 ift er, zweiundfünfzig Jahre alt, draußen
bei den barmherzigen Brüdern von Saint-Jean de Dieu
im Elend geftorben. Aber feine Werke leben. Die
Jugend verehrt ihn neben Baudelaire und Flaubert.
Maurice Maeterlinck hat gefagt: tout ce que j'ai fait,

c'est à Villiers, que je le dois. Remy de Gourmont, die tapfere Seele des Mercure de France, hat gesagt: „unser Meister ist Villiers, dieser Evangelist der Ironie des Traumes; jeden winzigen Zettel seiner Verlassenschaft ehren wir als eine theuere Reliquie." Und so bekennen sich auch Pelaban, Charles Morice und Henry de Regnier als seine Jünger. Seine Romane erscheinen jetzt in neuen Ausgaben. Seine Dramen werden vom Théâtre libre und von l'Oeuvre gespielt. Es muß in ihnen etwas sein, das das Gemüth der neuen Generation im Wesentlichen trifft.

Ich meine, daß es drei Dinge sind, die in ihm zu finden die jungen Dichter so beglückt.

Vor allem: er glaubte unerschütterlich an das Amt der Künstler, Propheten zu sein, die verkünden, was die anderen Menschen noch kaum ahnen, besser Wissende, heller Sehende, ins Dunkel des Lebens tröstlich Leuchtende. Er wollte nicht, wie die klugen Speculanten der Literatur, was Pelaban incarner l'idéal courant genannt hat; er suchte nicht Formen von Gedanken oder Trieben, die alle haben. Was er allein hatte, war sein Stolz. Sie sollten von ihm lernen, was ihnen fehlte. Den Glanz seines Himmels wollte er auf ihre trübe Erde bringen. Als ein gesalbter Verwalter von Gnaden, die das Volk zum Rechten erst bekehren, fühlte er sich, als ein Redner geheimer Weisheiten, als ein Täufer aus gesegneten Quellen, und wie eine Hostie hielt er jeden Vers empor, wie einen gebenedeiten Leib der ewigen Schönheit. Sichtbar zu machen, was die Irdischen nicht sehen, sonst verschwiegene Stimmen der Natur zu lösen und ihren Trost unter die suchenden Menschen zu tragen — an diese Sendung glaubte er mit Zuversicht. Das zog ihm die jungen Leute zu. Er lehrte sie, in der Kunst, die sie von den anderen bald als Spiel, bald als Geschäft betrieben sahen, die heilige Kraft verehren, die aus dem Dampfe von Extasen priesterlich die Worte des Lebens spendet.

Dann: er verachtete das bürgerliche Leben. Was die Menschen treiben, um sich hinzufristen, alle Geschäfte und Sorgen, die die Stunde bringt, Lärm und Leidenschaft von Arbeit und Erwerb, die auf der Gasse heulen, schienen ihm eitel. Ja, er hatte das Gefühl, daß sie überhaupt gar nicht wahr, sondern Spuk und Wahn sind, nichtiger und leerer Trug, die Menschen zu bethören und vom Sinne des Daseins wegzulocken. Er haßte das Gewöhnliche und war gierig, sich an ihm zu rächen, es zu quälen, wie es ihn quälte, und es unerbittlich zu vertilgen. In seinem Axel suchen die Liebenden einen Schatz und, da sie ihn finden, tödten sie sich, bewußt, daß, was wirklich ist, nicht beglücken kann. In der Eve future gelingt es Edison, eine elektrische Frau zu construieren, der sich keine natürliche an Schönheit oder Geist vergleichen kann; ein Phonograph, den sie im Bauche trägt, läßt sie die weisesten Meinungen der Dichter und Philosophen sagen. So lehrt er unablässig: das Wirkliche ist Schein, im Künstlichen allein ist Glück! und indem er der letzte Romantiker war, ist er der erste Decadent geworden, der Vater aller Wilde und Montesquien.

Endlich: er liebte nichts als den Traum. Der Traum allein schien ihm wahr. Dem Traume nur vertraute er sich an. Anatole France hat von ihm gesagt: il traversa ce monde en somnambule, ne voyant rien de ce que nous voyons et voyant ce qu'il ne nous est pas permis de voir. So halluciniert und verzückt schritt er durch das Leben und wohin er sah, blühten Gärten auf, Schwäne glitzerten im Monde und Purpur winkte. Er trug einen unversieglichen Zauber in sich, alles zu verwandeln, alles zu beglänzen, rings Sterne, Prunk und Seligkeit aus sich zu schaffen.

Das sind die drei Dinge, die die jungen Leute von ihm nahmen.

Wenn einst der große Künstler kommt, den wir erwarten, den Entzauberer, der dem Leben die Maske entreißen wird, so daß wir seine reine Schönheit schauen dürfen, dann wird Villiers freilich nur ein armer Pilger gewesen sein, der am Wege liegen blieb.

Barbey d'Aurevilly.

1808, auf der Höhe der napoleonischen Zeit, ist Jules Barbey d'Aurevilly geboren. Früh mit seiner Familie entzweit und auf sich selbst verwiesen, hat er als Journalist erwerben müssen. Die heroischen und prunkenden Erinnerungen des Empire in der noch nachzitternden Seele, wurde er durch die Noth in die dumpfe Welt bürgerlicher Sorgen gestoßen. So war er einem eblen Reitpferd, das man vor einen Last= wagen spannen würde, gleich; kräftig auszuschlagen und sich schön aufzubäumen, sonst blieb ihm nichts übrig. Ein Marschall, der sich nicht zum Krämer erniedrigen lassen will — damit ist sein Wesen aus= gedrückt.

Man erinnerte sich, wie Mussét jene glänzende und übermenschliche Zeit, da es keinen Franzosen mehr zu geben schien, der nicht ein Held gewesen wäre, ge= schildert hat. Man kennt das berühmte Capitel aus der Confession d' un enfant du siècle. In diesen Kriegen gebaren unruhige Mütter, während ihre Gatten, ihre Brüder in Deutschland fochten, ein heißes, bleiches und gieriges Geschlecht. Zwischen zwei Schlachten empfangen, im Lärm der Trommel erzogen, ballten die Knaben schon ihre noch kindlichen Fäuste. Von Zeit zu Zeit kamen ihre Väter zurück, ganz in Blut ge= taucht, drückten die Kleinen eilig an ihre mit strotzendem Golde verbrämte Brust, dann setzten sie sie weg, saßen auf und ritten wieder fort, zu neuen Siegen. Nie= mals hat es so viele schlaflose Nächte, niemals so viele untröstlich durch die Straßen irrende Mütter, aber auch niemals mehr Freude, mehr Leben, mehr zum Kriege blasende Fanfaren gegeben. Reinere Sonnen, als welche dieses Blut austrockneten, haben nie geschienen: man sagte, daß Gott für diesen Mann eigene Sonnen schuf, und hieß sie die Sonnen von

Austerlitz; aber es war wohl dieser Mann selbst, der sie schuf, mit seinen donnernden Kanonen, die alle Wolken verjagten. Unter einem solchen unbefleckten Himmel, in einer solchen von Stahl starrenden, von Ehre leuchtenden Luft wuchsen die Kinder damals auf. Wohl wußten sie sich zum Tode bestimmt; aber sie hielten Murat für unverletzlich und man hatte den Kaiser über eine Brücke unter einem so prasselnden Hagel von Kugeln schreiten gesehen, daß es nicht mehr möglich schien, ihn zu den Sterblichen zu zählen. Und waren sie selbst zum Tode bestimmt, was lag denn daran? Der Tod war damals so groß, so schön! Er sah der Hoffnung gleich und schien in einen verlockenden Jüngling verwandelt. Auch wollte man gar nicht mehr alt werden: es gab keine Greise mehr, es gab im ganzen Lande nur noch Leichen oder Heroen.

So hat Musset jene strahlende Zeit beschrieben. Aber dann fiel der Kaiser und mit ihm fiel das Land und es versank in einen so tiefen Schlaf, daß seine alten Könige meinten, es sei gestorben, und es mit einem weißen Tuche bedeckten. Das alte Heer kam mit grauen Haaren zurück und auf den Herden der verlassenen Schlösser wurden traurige Feuer angezündet. Bekümmert saß die Jugend auf den Ruinen einer Welt. Alle diese Kinder waren Tropfen eines Blutes, das brennend die Erde überschwemmt hatte; sie waren am Busen des Krieges geboren und zum Kriege waren sie geboren; fünfzehn Jahre lang hatten sie nur vom Schnee von Moskau und von der Sonne der Pyramiden geträumt. Und nun war mit einem Schlage alles weg, die Erde wurde leer, als Er auf die Insel ging, die Welt wurde still; nur die leisen Glocken ihrer Pfarren hörten sie jetzt in der Ferne tönen. Wie Edouard Rod gesagt hat: cette féerie se dissipa soudain; on eut devant soi le long chemin de l'existence régulière, de durée normale que termine à son heure la mort naturelle; une plate avenue, où l'on ne rencontre ni dangers ni gloire, mais seulement de la fatigue et du bien-être, une route sans contours, dont on ne prévoit pas la fin, qui ne conduit nulle part. Ein großer Verdruß fing in allen Herzen der Jugend zu gähren an. Durch die Herrscher der Welt zur Ruhe verdammt, sahen die jungen Leute die schäumenden Wogen des Lebens unter ihren Händen entrinnen. Wie Gladiatoren, schon mit Oel gesalbt, hatten sie eben antreten wollen und nun forderte man sie auf, kleine Beamte zu werden. Wohin mit der Kraft, die sie in sich lechzen fühlten? Die einen betäubten sich in einem wüsten Wandel; die anderen gaben sich in tollen Thaten ohne Zweck aus. Damals wurde es Mode, sich vor der Kammer mit den Gardisten zu prügeln oder im Theater für Talma zu demonstrieren, wenn er die neue Perücke trug, die ihn dem Caesar gleichen ließ; als Libertin oder in Scandalen vertobte man die Kraft, die zu edlen Thaten aufgewachsen war, und schämte sich dabei vor sich selbst und ein unaufhaltsamer Ekel zog in alle Seelen ein. Solches Elend war in dem verlassenen Lande, solcher Gram in der untröstlichen Jugend, als Barbey aus seiner Provinz nach Paris kam, um hier mit seiner Feder zu erwerben.

Man erwäge: ein Enthusiast der napoleonischen Zeit in die schnöde und schimpfliche Restauration gestellt. Was konnte daraus werden? War der Enthusiast reich, so mochte er diesem elenden Leben entsagen, sich auf sich ziehen und zum Genusse wenden. So verschlagener Enthusiasmus hat jene wilden, unbedenklichen, jedem Laster fröhnenden Materialisten gezeitigt, die bald das Land beherrschen sollten. Aber wenn er arm war? Wenn er gezwungen war, in eben dieser so verabscheuten Welt zu dienen und zu erwerben? Dann mußte er sich knirschend fügen, wilde Rebellion im Herzen. Ein Herold solcher Rebellion ist Barbey sein ganzes Leben gewesen. Höhnisch auf die kleinen Menschen seiner schlechten Zeit herabzusehen und in allen Gesten, allen Worten täglich ein heftiger Protest gegen sie zu sein, das war der Sinn und das Wesen seiner Werke, ja seiner ganzen Natur. In seinem ganzen Gebahren, schon in der Tracht, wollte er anders als jene Leute sein. Sah man nun, als die Krämer im Staate emporkamen, die Kleider immer nachlässiger und bequeme, praktische Moden beliebt werden, so war es ihm wichtig, stets durch seltsame, künstlich geschlungene Cravatten, blendende Hosen und unglaublich geschweifte Fräcke zu verblüffen. Die Goncourts haben ihn einmal gezeichnet: il est vêtu d'une redingote à jupe, qui lui fait des hanches, comme s'il avait une crinoline et porte un pantalon de laine blanche, qui semble un caleçon de molleton à souspieds.

Mit dem Besten und Tiefsten seiner Natur, mit seiner wesentlichen Schönheit hängen diese Marotten zusammen: als Rebell gegen das Bürgerliche hat er sich so bemüht, ein Dandy zu sein, und deshalb ein Brevier des Dandysmus geschrieben, „Du Dandysme et de G. Brummel." War seine Zeit im Religiösen lau, ohne zu beten, ohne zu fluchen, nur auf die Geschäfte bedacht, so nahm er die Pose des leidenschaftlichen Katholiken an, der aber doch für jene wilden, von Lästerungen schäumenden Atheisten der napoleonischen Zeit seine zürnende Bewunderung nicht verhehlen konnte — un diner d'athées. Wurde es jetzt die Losung der Literatur, die kleinen Leute bei ihren täglichen Verrichtungen aufzusuchen, so wollte er das Zeitalter durch große Schilderungen ungewöhnlicher Menschen befremden. Was Hello so haßte, l'homme mediocre, der Mensch, der so ist, wie sie alle sind, das war auch sein wilder Haß; und weil er diesen homme mediocre seine Zeit beherrschen sah, stand er gegen sie auf. Sie durch glänzende Bilder gewaltsamer, ritterlicher und bis zum Verbrechen unerschrockener Gestalten von wilden Säften zu ängstigen, zu beschämen, vielleicht aufzurütteln, dazu hat er seine Werke geschrieben: sie wollen das Gewöhnliche verächtlich machen. Excessive, im Guten oder Schlimmen überschwenglich ausbrechende, tropische Naturen stellt er ihr als Exempel hin und läßt sie durch stürmische Schicksale zum Aeußersten getrieben werden.

Es ist kein Wunder, daß ihn die Leute seiner Zeit nicht liebten. Ueber Stendhal, dem er in Vielem glich), hat Rob einmal geschrieben: Les isolés, en effet, ont toujours tort, le véritable rôle de l'écrivain, c'est d'être le porte-parole de ses contemporains muets. Diese Rolle hat er nie gespielt; nie hat er sich zur Trompete für die Instincte seiner Zeit hergegeben. Er haßte sie; sie vergalt es ihm, indem sie ihn verkannte. Diese anämischen Krämer konnten seine strotzende Natur nicht leiden. Erst die neue Generation hat seinen Namen preisen gelernt. Sie haßt wie er die gemeinen Gesten der kleinen Leute im Gedränge der täglichen Verrichtungen. Sie lechzt wie er nach großen und wilden Thaten hart und gewaltsam handelnder, das Leben unterjochender Männer. So ist er ihr ein Tröster im Elend der Gegenwart geworden. So ist er ihr ein Führer zur Pracht der Zukunft geworden. Und so setzt sie seinem Andenken jetzt eine reinere Krone auf, als seine Zeit jemals zu vergeben hatte: den Enthusiasmus einer siegenden Jugend.

Das „Journal des Goncourt."*)

Man war gern bei Daudet zur Bouillabaisse, der berühmten Fischsuppe der Provençalen, die das Blut treibt und die Sinne weckt. Turgenjeff kam,

---

*) Tome huitième, 1889—1891. Paris, G. Charpentier und E. Fasquelle. 1895.

der milde Riese, ein so eleganter und geschmeidiger Barbar, unglaublich wilde Abenteuer sanft erzählend; es kam der turbulente, gleich zornig heulende Flaubert; und Zola kam, mürrisch, ärgerlich, gereizt. Man schmauste, plauderte und trank. Man plauderte von vielen Dingen, aber schon nach fünf Minuten plauderte man immer nur von der Kunst, der ewigen Chimère. Da pflegte schließlich Daudet zu sagen, indem er die müde, bleiche, traurige Miene leise schüttelte: „Das ist es alles nicht. Alle Worte und Programme heißen nichts. Rendre l'irrendable, das Undarstellbare darzustellen — das quält uns, das möchten wir. Rendre l'irrendable — wer das könnte! Aber das können nur die Goncourts!" Dann regte sich Edmond aus der strengen und strammen Haltung von lothringischen Soldaten, die seine Ahnen waren, und nickte: „Ja, in der That, das ist wohl unser Verdienst — von meinem armen Bruder und mir. Wir drückten Dinge aus, die auszudrücken vor uns unmöglich schien. Wir sind die ersten Dichter der Nerven gewesen, empfindlicher und empfänglicher als die anderen, feiner, rascher, inniger vibrierend und bessere Künstler im Gefühle des Unmerklichen, ob wir nun eine Poularde kosteten oder eine Zeichnung betrachteten oder seidene Hemden strichen; immer wußten wir die letzte und geheimste Feinheit der Dinge, den leisen Duft, der um sie schwebt, zu spüren. Wir waren immer machines à sensations. Es ist uns gelungen, zu sehen, was niemand sieht, zu hören, was niemand hört, zu schmecken, was niemand schmeckt. Es ist uns gelungen, die Dinge durch eine Brille zu zeigen, die vor uns noch niemandem gedient hat. Es ist uns gelungen, eine neue Optik zu geben und den accent fiévreux in die Kunst zu bringen, den das große Leben um uns hat. Das darf ich wohl von uns sagen."

In diesen Worten, die Edmond gern und energisch sprach, ist, was die Goncourts wollten und was sie konnten. Sie wollten aus sich der Zeit geben, was sie nicht hatte: apporter du neuf. Im Großen konnten sie das nicht; es fehlte ihnen die Macht, das Verhältnis der Menschen zur Welt zu wenden. So wurden sie Virtuosen im Kleinen, Virtuosen der Nuance, mit einer fast schmerzlichen und kranken Gier, das unendlich Feine, das Geheime, das Persönliche der Menschen und der Sachen zu gestalten. Nicht bloß auszudrücken, sondern mitzutheilen. Nicht bloß von sich zu geben, sondern in andere zu bringen. Nicht bloß zu berichten, was sonst dem Dichter genügte, sondern zu suggerieren, was durch sie erst die Losung wurde. Sie waren, wie Jules Lemaître gesagt hat: tourmentés du désir de donner avec des mots la sensation même des choses. Alles ohne Rest zu geben, was momentan ein Ding in unseren Sinnen, auf unseren Nerven wirkt, war ihre Leidenschaft. Dazu haben sie sich einen seltsamen, sensitiven und nervösen Stil erfunden, der wie gesprochene Malerei ist. Gesprochene Malerei von Tönen und Gerüchen — das ist ihre ungemeine, neue und so einsame Kunst. Natürlich können ihr die alten Mittel nicht genügen. Der Roman, das Drama, alle Instrumente der Tradition sind zu derb und grob für diese unsäglich zarten, gleich verhuschenden Gefühle; auf Pauken kann man nicht geigen. Daher ihr Aerger über diese „verbrauchten und abgetretenen Gattungen," die sie nur, so weit sie sich in „Autobiographien" verwandeln lassen, noch dulden wollen. Daher ihr „Journal", das sie 1851 begannen und nach dem Tode von Jules der andere dann bis zur Gegenwart führte, eine confession de chaque soir, die Leute und die Sachen schildernd, die jeder Tag ihnen brachte, und ganz so, wie jedes Mal der Tag sie brachte, mit dem Hauche der letzten Stunde, in ihrer vérité momentanée. Da können sie endlich, nur die eilige Geberde der Minute haschend, ohne Zwang der Mache, von keiner Regel der Vergangenheit gehemmt, der Wahrheit ihrer Nerven dienen.

Der achte Band, der jetzt erschienen ist, bringt die Jahre 1889 bis 1891. An Gedanken und Stimmungen hat er nichts, das nicht schon in den vorigen wäre. Er hat den alten Trotz gegen den Pöbel, die alte Leidenschaft für eine strenge Kunst der Wenigen, den alten Glauben an die Schönheit. Aber sie werden jetzt an Personen und Zuständen ausgedrückt, die uns näher sind, an den letzten Personen und Zuständen von heute. So wirkt er ganz seltsam, frisch wie eine Zeitung, treu wie eine Chronik, und giebt der Gegenwart eine wunderlich historische Miene.

Allerhand Menschen sind da. Da wird der junge

Daudet gezeigt, in seiner wunderlichen Mischung eines Gassenbuben mit einem Philosophen, leidenschaftlich Kutscher prügelnd und doch immer im Verkehre mit den großen Gedanken der Menschheit. Octave Mirbeau kommt, ein hinreißender Causeur, und man weiß nicht recht, ob Abenteurer, Poet oder Apostel, jetzt nur dem Dienste der Armen ergeben und dann wieder sechs Monate allein um die Launen einer Courtisane bemüht, Journalist, Speculant, Anarchist, bald fieberisch thätig, bald wochenlang im Rausche von Opium träumend. Die Carrière des Blowitz wird erzählt, der Oppert hieß, von Blowitz nach Marseille kam, Lehrer wurde, bei dem Aufstande den Präfecten vom Tobe rettete, dafür ins Hauptquartier von Versailles empfohlen und hier der Secretär des Lord Oliphant wurde, der, Diplomat, Religionsstifter und Weltreisender, damals Correspondent der „Times" war. Die Réjane flattert herein, zwitschernd, sehr hastig, weil unten im Wagen ein Dichter wartet, der ihr sein neues Stück vorliest — auf der Fahrt her den ersten Act, auf der Fahrt weiter den zweiten und so zwischen zwei Besuchen immer wieder ein paar Scenen. Barrès erscheint, mit seiner élégance fluette, élancée, et des yeux d'une douceur charmante. Und Henri Bauër bringt das hübsche Wort: „Merkwürdig, wenn ich gar nichts zu sagen habe, schreibe ich mit Leichtigkeit meine zweihundert Zeilen. Aber wenn ich einen Artikel fühle und es mir mit etwas ernst ist, wird es mir nicht möglich, es über hundert Zeilen zu bringen." Auch der Vater Daudet hat einmal so ein leicht gesprochenes, tief gedachtes Wort: „Ich glaube jetzt die Formel zu wissen — das Buch ist für den Einzelnen da, die Bühne für die Menge; daraus ergiebt sich alles."

Einigemale wird die Politik gestreift. Am 26. Jänner 1889 heißt es: „Meine Freunde haben heute für Jacques gestimmt. Wenn ich gewählt hätte, hätte ich Boulanger gewählt, obwohl er das Unbekannte ist; aber da er das Unbekannte ist, ist er die Befreiung von dem, was jetzt ist, und das, was jetzt ist, liebe ich nicht und das, was sein wird, liebe ich vorher immer, wenn ich es auch nachher, wenn es sein wird, nicht mehr lieben werde. Doch bin ich meiner Gewohnheit treu geblieben, nicht zu wählen, da mich nur die Literatur, die Politik aber gar nicht interessiert." Und am 6. Mai desselben Jahres: „Während die Kanonen donnerten, die 1789 feierten, dachte ich an die Größe, die Frankreich hätte, wenn es weder die Revolution von 89 noch die Siege des ersten Napoleon noch die revolutionäre Politik des dritten Napoleon gegeben hätte. Mein Gott, Frankreich würde dann vielleicht von irgend einem dummen Bourbonen, aus einer ganz verbrauchten monarchischen Race, regiert, aber wäre das viel anders als diese Regierung eines Carnot, der doch nur um seiner Nichtigkeit willen gewählt worden ist?" Und ein anderesmal: „Wir haben einen Präsidenten, der vielleicht ein ganz anständiger Mensch, aber eine Null ist und nur diesem Umstande seine Wahl verdankt ... Wir haben eine Kammer, die die médiocratie in-

tellectuelle der Provinz vertritt; Paris ist unter dem Joche der provinzialen Größen."
Mit manchen dieser Sätze ist es seltsam. Sie sind von der Art, die, in einer gewissen Stimmung und mit einem gewissen Tone gesprochen, wichtig scheint, aber, aufgeschrieben, unbedeutend wird, und hier gelingt es doch, so Unbedeutendem auch in der Schrift denselben Schein von Bedeutung zu lassen. Das zeigt, was das Wesen ihrer Kunst ist: eben jenen Reiz aus den Erscheinungen zu ziehen, der darin ist, daß sie Erscheinungen sind.

Ferdinand Brunetière.

Herr Ferdinand Brunetière hat die Ehre, ein sehr unbeliebter Autor zu sein. Die Zeitungen mögen ihn nicht, die Studenten pfeifen ihn aus, Bänkel verhöhnen ihn. Aber es ficht ihn nicht an. Wie man sonst über ihn denken mag: Muth und Stolz und Gesinnung hat er. Er geht nicht mit der Mode, er dient keiner Partei, er hat keine Schule; er gehorcht nur seiner Vernunft. So unerschütterlich, ja fanatisch glaubt er an sich. Das ist zuweilen nicht gerade bequem. Feiner und zierlicher sind Lemaître und France: bei ihnen wird man sich besser unterhalten, aber wer lernen will, gehe zu ihm. Er plaudert nicht, er lehrt.

Auf das Lehren allein kommt es ihm an. Er ist gar kein Feuilletonist: er hat nicht die Gabe, bei jedem Anlasse mit funkelnden Worten, neuen Wendungen und kostbaren Epitheten zu prunken; bien dire um jeden Preis ist nicht sein Wunsch, sondern er will sagen, was an den Dingen ist, und die Worte, die in ihrem Wesen liegen, will er aus ihnen holen. Wenn er über eine Sache redet oder schreibt, thut er es nicht, um an ihr seinen Geist glänzen zu lassen und sich mit seltenen und theueren Sätzen zu brüsten; nein, er will der Sache dienen. Die anderen sind amüsanter, er will nur gerecht sein. Anatole France hat einmal gesagt: Messieurs, je vais parler de moi à propos de Shakespeare, à propos de Racine, ou de Pascal ou de Goethe; c'est une assez belle occasion. Davon hält er nichts: ihm ist es bei Racine um Racine zu thun, nicht um sich selbst. Das kommt den heutigen Franzosen närrisch vor.

Sein neues Buch*) handelt von den Epochen der französischen Bühne. Er geht durch ihre Geschichte von Corneille bis Scribe, vom Cid zum Glas Wasser, von 1636 bis 1850, alle Werke dieser Zeit prüfend, die irgendwie als Daten der Entwicklung gelten dürfen; was keine Neuerung bringt, läßt er weg, wie schön es auch wirken mag; nicht um ihren Wert an sich, sondern um ihre Bedeutung im Ganzen fragt er die Stücke ab. Das erste Capitel handelt

---

*) „Les époques du théâtre français", Paris, Librairie Hachette, 1896.

vom Cid als der ersten rein tragischen Tragödie, das zweite vom Menteur als der ersten rein komischen Komödie der Franzosen. Das dritte zeigt die neue Construction der Rodogune, die, nach dem glücklichen Wort von Le Sage, das Drama „purgé d'épique" bringt: keine Episode von Schlachten und Duellen stört mehr, die ganze Handlung kommt aus den Gefühlen von vier Personen her, das Werk ist fait avec rien. Im vierten wird die École des femmes geschildert, die erste Komödie, die national, bürgerlich und aus den Charakteren gezogen ist, nach so vielen aus dem Spanischen oder Italienischen geholten, immer im beau monde spielenden, durch Intriguen von außen getriebenen Stücken. Das fünfte läßt uns an der Andromaque sehen, wie das bisher logische Drama jetzt zum psychologischen wird: nun stürmen unsere Leidenschaften auf die Bühne, unsere Begierden schnauben, unsere Verzweiflungen stöhnen, von edler Kraft doch zur Eurythmie gebändigt. Im sechsten springt mit Tartuffe aus der comédie de caractères schon die sociale Satire hervor, wie im siebenten aus der Phèdre, die die oratorische Tragödie zur poetischen macht, bereits die große Oper winkt; nun wird auch endlich der Schauspieler bedacht, der so lange nur eine Posaune gewesen, hier zuerst wird ihm jede Geberde angewiesen. Im achten und neunten sehen wir die alte Komödie zum Vaudeville, die alte Tragödie zum Melodram entarten und nach dem Intermezzo des zehnten, das dem singulären Marivaux gilt, der ohne Vorfahren und Nachkommen ist, wird im elften an

Zaïre die Macht des englischen Geistes und des neuen Pathos vernehmlich. Das zwölfte läßt mit Diderot, Sedaine und Mercier das bürgerliche Schauspiel erwachsen, das bei aller weinerlichen Empfindsamkeit doch die Keime der modernen Komödie enthält; da fällt eine Passage über den vergessenen La Chaussée auf, der alle Stoffe des heutigen Repertoires schon behandelt hat: den Libertin, der der beste Gatte wird (Le Marquis de Villemer; la Contagion), den Aristokraten, der sich mit einer Zofe seiner Mutter vermählt (Le Marquis de Villemer; les Danicheff), die Gatten, die sich nicht ausstehen und doch ohne einander nicht leben können (l'ami des femmes; Divorçons), den Gatten mit dem Glück bei Frauen, der sich am Ende in seine eigene verliebt (Le gendre de monsieur Poirier; Andréa), die guten Freunde, die einem ins Haus fallen (Nos intimes), und den natürlichen Sohn, der sein Recht vom Vater verlangt (Le fils naturel; les Maucroix). Nun wird im dreizehnten der mariage de Figaro als die Reprise aller Traditionen dargestellt, als eine Synthese der ganzen dramatischen Kunst von vorher, als die Summe aller Vergangenheiten; selber hat Beaumarchais nichts geschaffen, aber alle Kräfte versammelt er, seiner Zeit zu dienen; er ist l'homme le plus complet de la fin du XVIII° siècle. Im vierzehnten wird die Ohnmacht der Romantiker geschildert, zu einer neuen dramatischen Form zu kommen; mit allen großen Worten von der vérité historique und der couleur locale und der vérité pittoresque haben sie es zu keinem Werke gebracht, das auf der Bühne bleiben würde. Endlich werden im fünfzehnten, nach einem Blicke auf Scribe, Mussel und das Theater des zweiten Empire, die Conclusionen seiner Betrachtungen gezogen: drei große Gesetze ruft die Geschichte der französischen Bühne dem Fragenden zu.

Das erste und das letzte scheinen mir die wichtigsten Capitel des Buches: jenes, weil es zu einem reinen Begriffe der französischen Tragödie, dieses, weil es zu Maximen kommt. Warum wurde der Cid als eine Neuerung empfunden? Sein Stoff war nicht neu, auch seine Technik, der Ton seiner Verse, die Führung der Intrigue waren es nicht. Aber während in allen anderen Stücken seiner Zeit die Bewegung von außen kam, kommt sie hier zum ersten Mal von innen. Aeußere Umstände hatten sonst die inneren Zustände bestimmt, äußere Umstände die Handlung geschürzt, äußere Umstände sie gelöst; nun werden sie durch eine innere Kraft vertrieben: zum ersten Mal spielt sich das ganze Drama in der Seele seiner Personen ab. Was sie sind, sind die Gestalten des Corneille aus sich selbst, durch sich selbst, unabhängig von den Ereignissen, ja gegen die Ereignisse sogar. Ihre Entschließungen allein lenken die Handlung. Sie sind keine Sclaven oder Puppen des Schicksals mehr, sie sind seine Meister und Herren, les vrais ouvriers de leur fortune. Kein Zufall mehr, der Wille gebietet jetzt. Sie begegnen nicht ihrem Lose, sie schaffen es sich selbst, dans la plénitude entière du sentiment de leur personnage. Es kann ihnen nichts geschehen, als was sie sich selber anthun. Tragisch werden sie, wenn diese so unbeugsamen und sich selbst bestimmenden Menschen in eine Lage gerathen, die ihrem Willen den höchsten Triumph bereitet, indem sie ihn sogar das Leben besiegen und sie heiter in den Tod gehen läßt, weil für ihre freie Größe das Schreckliche keinen Schrecken mehr hat. Das ist der Begriff der französischen Tragödie. Aus ihm sind die drei Gesetze des Theaters gezogen, die das letzte Capitel erläßt: qu'il faut que le sujet soit d'un intérêt général; qu'il traduise une lutte de volontés; que le théâtre n'abandonne aucune de ses acquisitions successives. Brunetière hat sich über sie ein anderes Mal noch kräftiger geäußert, in seiner Préface zum 19. Bande der „Annales du Théâtre et de la Musique"*): „Ob es sich um ein Drama handelt oder um ein Vaudeville, was wir vom Theater verlangen, ist immer das Schauspiel eines Willens, der, nach einem Zwecke strebend, sich entfaltet und sich der Mittel, die er anwendet, bewußt ist . . . . . Der Wille, den ein dramatisches Werk enthält, bestimmt seinen dramatischen Wert . . . . . Wenn ein Volk seinen Willen zum Höchsten anspannt, sehen wir seine dramatische Kunst gedeihen: Aeschylus hat gegen die Perser gekämpft und am Tage der Schlacht bei Salamis, will die Legende, wurde Euripides geboren; als Spanien das ganze Europa und die neue Welt unter seinen Willen; zwang, kamen Cervantes, Lope de Vega und Calderon;

---

*) Paris, Bibliothèque Charpentier G. Charpentier, u. E. Faspuelle, 1894.

und nie haben unsere Väter, um das Vaterland zu schaffen und zu erhalten, einen heftigeren Willen gebraucht, als am Ende des sechszehnten Jahrhunderts und unter Heinrich IV., unter Richelieu, unter Mazarin." Diese Sätze im Gemüthe, könnte man wohl zu einer definitiven Dramaturgie gelangen und auch erkennen, daß es nicht in der Macht unserer Dichter ist, das moderne Drama zu bringen, bevor sehr active Männer einen neuen großen Willen in den Menschen wecken.

Auch einige Digressionen des Buches sind schön. Gerecht weiß es das Literarische vom Theatralischen zu trennen: „Das Theater kann zur Noth für sich bestehen, von den Mitteln und Hilfen, die in ihm selbst liegen; wie die Malerei und die Musik, wenn sie wollen, keine Ideen brauchen, so kann auch das Theater auf sie und jeden Stil verzichten; viele Exempel beweisen, daß es oft auf jeden literarischen Wert verzichtet hat. . . . . . Wenn es die Dramatiker nicht beleidigt, mit Predigern verglichen zu werden, so möchte ich sagen, daß eine Komödie es gerade so wenig nöthig hat, literarisch zu sein, als eine Predigt; sie kann es wohl sein und wird dadurch nur umso besser, aber es gehört nicht nothwendig zu ihrem Begriffe." Was er bei Racine über das Erfinden in der Kunst sagt, hätte Goethe gefreut: „Racine scheint mit einer eigenen Koketterie keinen Stoff angenommen zu haben, den man nicht schon vor ihm auf der französischen Bühne behandelt hätte. . . . . . Man könnte für ihn ein barbarisches Wort gebrauchen, das Charles Blanc, der Rafaël nicht leiden konnte, von

diesem großen Maler zu sagen liebte: er nannte ihn
gern einen profiteur. Darunter wollte er verstanden
haben, daß es von Rafaël, der doch weder das Zeichnen
noch die Perspective noch das Hellbunkel noch die
Oelmalerei noch die Madonnen mit dem Kinde noch
die schönen Mädchen von Toscana und Umbrien erfunden, nicht sehr belicat war, sich dieser Mittel seiner
Kunst zu bedienen und durch sie die Vorfahren, die
sie erfunden hatten, zu übertreffen; wobei der weise
Professor nur drei Dinge vergaß: erstens, daß wir
ja nicht zu wählen haben, wann, wo und wie wir
geboren werden wollen; zweitens, daß wir in einem
gewissen Sinne alle profiteurs sind, ja es sein müssen,
wenn wir nicht die Cultur der Vergangenheit wieder
verlieren wollen; drittens, daß in der Kunst wie
sonst die wahren profiteurs selten sind, viel seltener
als die Erfinder; es regnet Erfinder, ich kenne ihrer
zu Dutzenden, aber selten ist es, daß Jemand die Erfindungen der anderen urbar zu machen, auszunützen,
zu „realisieren' weiß." Und gescheit ist auch, was
er von Scribe meint: „In der That, wissen Sie denn,
was dieser Bürger, dieser Philister, dieser Veteran
im Grunde eigentlich gethan hat? Il a fait de ,l'art
pour l'art' wie nur irgend ein Banville oder Gautier
und sein Fehler ist es gewesen, daß er das Theater
ganz genau so behandelt hat, wie die Parnassiens
die Poesie ... Er hat im Theater nichts gesehen
als das Theater und sich in seiner Kunst für nichts
interessiert als für ihre Mittel: für neue Situationen,
geschickte Verwicklungen und verblüffende Lösungen ...

10*

Und so sind allmählich aus seinen Stücken alle Ideen, alle Bedeutungen, jede Psychologie, jede Beobachtung, das ganze Leben geschwunden wie aus den Odes funambulesques und den Émaux et Camées und nichts als ein Spiel von fast mathematischen Combinationen ist geblieben . . . Er ist für das Theater seiner Zeit, ich wiederhole es, der Banville oder Gautier gewesen."

So kann das Buch Dramaturgen manches lehren. Auch die Directoren sollten es beherzigen. Einem Director ist es gewidmet, dem Paul Porel, der früher das Odéon hatte, le second théâtre français. Das hat seinen guten Grund: Porel hat es entstehen gesehen, in seinem Theater wurde es zuerst Seite für Seite gesprochen. Seine fünfzehn Capitel sind nämlich eigentlich fünfzehn Conferencen, die Brunetière von November 1891 bis Februar 1892 auf der Bühne des Odéon gehalten hat; nach jeder wurde dann immer das Stück gespielt, das er besprochen hatte. Giebt es kein Wiener Theater, das diesem Beispiele folgen möchte? Die Matinéen der Burg sind die beste That des Director Burckhard; auch der Director Bukovics verdient für seine „klassischen Donnerstage" Lob. An ihnen wäre es, einmal in jener Weise die Epochen der deutschen Bühne darzustellen, immer das Stück wählend, das seine Zeit am besten äußert. Von October bis März sind vierundzwanzig Sonntage: jeden zweiten könnte man leicht diesem Experimente bestimmen; Herr Baron Berger, zum Beispiel, ist ein angenehmer Redner, der die Einleitung ganz gescheit besorgen würde; und in zwölf Stücken, von der Minna bis zu den Journalisten, ließe man hundert Jahre des deutschen Dramas über die Bühne ziehen. Im Burgtheater werden ja Neuerungen, auch unschuldige, bedenklich angesehen, aber vielleicht nimmt sich der Director Bukovics des Gedankens an.

Camille Mauclair.

Als ich diesen Mai in Paris mit Paul Goldmann, dem Correspondenten der Frankfurter Zeitung, plauderte und um jeden Preis ein neues Talent wissen wollte sagte er mir: "Ein Talent? Ein neues Talent? Ein ernstes, sicheres, wirkliches Talent? Nicht bloß so eine geschwinde und vergängliche Erfindung der Journale von heute auf morgen? Das ist schwer. Da ist jetzt wohl niemand als Camille Mauclair. Sonst wüßte ich keinen. Er hat freilich eigentlich noch nichts geschrieben; aber alle hoffen viel von ihm. Er verspricht mehr, als er bis jetzt gehalten hätte; aber er scheint mir sicher. Stellen Sie sich etwa, ins Pariserische übersetzt, Ihren kleinen Hofmannsthal vor."

Als ich den anderen Tag mit Henri Albert, dem trefflichen Wechsler von deutscher und französischer Dichtung, plauderte und wieder meine Frage that, sagte er: „Ein neues Talent? Maurice Barrès war das letzte. Sonst? Ja — da müssen Sie schon warten, bis das erste Werk von Camille Mauclair kommt. Der ist ja allerdings ein großes und außerordentliches Talent und wird Ihnen gerade unendlich gefallen: denn er ist vollkommen dans le genre du petit Hofmannsthal."

Das verfolgte mich. Immer hörte ich seinen Namen wieder. Und ich hörte ihn immer mit unserem Hofmannsthal vergleichen. Alle sprachen von ihm. Alle liebten ihn. Alle lobten ihn, nicht seine Werke, sondern ihn selbst, weil nirgends die Aspirationen, der andere Ton, die ganze Art des neuen Geschlechtes von 1870 deutlicher wären. Das schien es: sie liebten ihn als das beste Exemplar einer guten Jugend. Sie lobten weniger einen großen Künstler von morgen als den vollkommenen Jüngling von heute. Er schien ihnen das Muster aller neuen Tugenden zu sein, die jetzt gelten.

Er ist zweiundzwanzig Jahre. Er schreibt fleißig im Mercure de France. Er hat mit Lugné Poe l'oeuvre gegründet, eine freie Bühne der reinen Kunst, die Ibsen, Strindberg, Björnson brachte. Dort hat er am 3. April die Conference zum Baumeister Solneß gehalten. Und er hat jetzt auch ein Buch geschrieben.

Man liest viel von ihm im Mercure de France. Das ist, nun bald fünf Jahre alt, eine Revue der jungen Leute, die eine neue Kunst verlangen, von Zola so wenig als Sarcey wissen wollen und im Geiste des Villiers de l'Isle Adam, Mallarmé und Verlaine suchen. Ein bischen Dünkel und Pedanterie mag oft an ihnen verdrießen, aber sie haben eine schöne Verachtung der Erfolge und Geschäfte, Ernst und die reine Leidenschaft der Schönheit; auch dürfen sie sich rühmen, die literarischen Dinge immer sechs Monate vor den großen Zeitungen zu merken: sie haben die Skandinaven, die Belgier, die Deutschen, die Holländer, die Briten verkündet, Ibsen, Maeterlinck, Nietzsche, Multatuli, Swinburne. Da schreiben, die bekannten zu nennen, die schon ihre treuen Gemeinden haben, der wunderliche, fremde Remy de Gourmont, der düstere Schwob und der fanatische Tailhade, Veber, Vallette und die unvergleichliche Rachilde. Und da schreibt denn auch der junge Mauclair: allerhand Notizen aus neuen Gedichten, Glossen zu neuen Gemälden, Betrachtungen über Meister oder Freunde, Kritiken, die doch im Grunde nicht kritisch, sondern nur subtile Beichten seiner Stimmungen sind, Fragen an sich selbst, Zweifel in sich selbst, Berathungen mit seiner Seele, um sich desto deutlicher zu vernehmen. Zwei Worte liebt er sehr; die kommen immer wieder: rêve und sensibilité. Er will träumen und will seinen leisesten Gefühlen lauschen. Die bunte Welt der Sinne gilt ihm nichts: se libérer de la vie ordinaire ist seine Losung. An den äußeren Dingen reizt ihn nur das innere Echo: er möchte se distraire du spectacle des événements à ce point de n'en contempler que l'intérieure réflexion. Sie sind ihm nur Boten und Symbole des Ewigen und Unendlichen. Das möchte er fassen, halten und gestalten:

dire l'insaisissable. Man darf ihn, der immer in das letzte Wesen drängt, wohl einen Philosophen nennen, un metaphicien de race pour qui l'art n'est qu'un sanglot idéal. Aber man muß ihn, weil er es weniger denkend als schauend erkennen will, doch auch wieder einen Künstler nennen. Er möchte das unendliche, ewige und ganze Wesen in seinen vergänglichen, schnellen und einzelnen Gestalten haschen, im schmerzlichen Schimmer eines Blickes, im Duft von Blüten, die verwelken, in der leisen Stimme einer Geige. Das, die Pracht der Gärten, der Gruß von Frauen, das Gefühl einer Dämmerung, alle Dinge der Natur sind ihm Stoff, sich an ihnen seiner Träume besser zu entsinnen und durch sie seine Träume lebendiger zu gestalten. Diese, die letzten, geheimen und heiligen Sachen seiner Seele will er mit ihnen sagen, um sie so desto inniger zu fühlen, desto sorglicher zu pflegen, immer edler, reiner, herrlicher zu werden, un exemplaire parfait de l'humanité. Das scheint ihm die Pflicht aller Künste. Das verlangt er von ihnen und wo er diese Hilfe nicht findet, mag er nicht verweilen. So will er die Impressionisten nicht. Botticelli, Leonardo, van Eyck, Böcklin, Rochegrosse, Point, Puvis, Moreau, Degas, Watts, Burne Jones, Whistler sind seine Maler. Ruysbroeck, Hegel, Schopenhauer, Emerson und Hello sind seine Denker. Villiers de Isle Adam, Maeterlinck, André Gide sind seine Dichter. Wie Schopenhauer sagt: „Auch die schönen Künste arbeiten im Grunde darauf hin, das Problem des Daseins zu lösen. Jedes Kunstwerk ist eigentlich bemüßt, uns das Leben und die Dinge so zu zeigen, wie sie in Wahrheit sind, aber, durch den Nebel objectiver und subjectiver Zufälligkeiten hindurch, nicht von jedem unmittelbar erfaßt werden können. Diesen Nebel nimmt die Kunst hinweg." Das meint er, wenn er immer ruft: voir l'infini! Das ist ihm Gesetz und Maß aller Kunst: sie soll das Wesentliche bringen. Darum kann er die klugen Köpfe und die geschickten Hände nicht leiden. Les gens de talent ça m'est égal, ce sont des fabricants aux bons produits, ça ne me regarde pas. Je les trouve intolérables. Les bons chroniqueurs, les pianistes et les peintres de talent vont ensemble: ils n'ont aucun rapport avec l'art, qui est esprit, exaltation et domination constante de la matière. Er will den Rausch der heiligen Extase, die aus dem Kern der Dinge spricht. Das ist ihm Anfang und Ende der Kunst.

Sein Buch heißt: „Eleusis, causeries sur la cité intérieure." Man erwartete, er würde da nun seine Kunst bringen, die er dort immer verlangte. Aber auch hier redet er nur wieder von ihr, fordert sie, sinnt über sie. Es ist kein Werk der Kunst. Es sind wieder nur Gedanken über die Kunst. Er will sagen, was es heißt, ein Dichter sein. Gefühl ist ihm alles; il n'y a jamais eu qu'un mot essentiel, qui est: sentir. Und er ruft: instinct vital, prince du coeur, je te révère, ô exaltation! Man muß gleich an den homme libre des Barrès denken. In der That: seine These (il faut sentir le plus possible, en analysant le plus possible, sagt Barrès) und die These der Berenice (il faut trouver à son Moi une direction en harmonie avec l'Univers, sagt Barrès — et je résolus de me développer et d'aimer en moi la conscience de l'univers jusqu'à en mourir, heißt es hier), dann die Goethische Neigung, alle Geschöpfe immer symbolisch zu nehmen („so wird das Ideenvermögen den Gegenstand von seiner symbolischen Seite fassen und so eine Sprache für die Menschheit daraus machen," schreibt Goethe an Schiller und hier heißt es: considèrer l'objèt comme témoignage d'une écriture du monde dont le sens gît en notre sensibilité") und auch die Goethische Einheit von Leben und Kunst (nous ne pouvons pas séparer l'art de la vie, puisque l'un est fait de l'autre et que nous n'acceptons la vie qu'en tant que moyen de réalisation esthétique, heißt es hier), dazu ein bischen Hegel, ein bischen Schopenhauer und sehr viel Mallarmé — das sind die Elemente dieses Buches. Es hat eine ungestüme Begierde, den Dingen in's Wesen zu gehen, den Sinn des Lebens zu treffen und die Seele zu ordnen. So schafft es ihre Bedingung, aber es versucht gar nicht, Kunst zu schaffen.

Das ist doch sehr wunderlich. Man denke doch nur: in diesem ungeduldigen, blasierten, spöttischen Paris, das sonst, durch Reclamen verwöhnt, nur auf Lärm und mächtige Schläge hört, wird ein Knabe durch ein paar Kritiken und ein philosophierendes Heft bekannt, ja gleich eine Hoffnung der Literatur, indem er im Grunde nichts zu sagen weiß, als daß man die heutige Kunst, die nur die Sinne trifft, verlassen und zur alten zurück soll, die das Wesentliche sucht. Man denke nur, was das heißt. Vor dreißig Jahren rief man nach neuen Formen und, um zu gelten, mußte der junge Parnassien ein Meister aller technischen Gefahren und Bravouren sein. Vor fünfzehn Jahren rief man um Wahrheit und Leben und die ganze Welt der Sinne wurde von dem jungen Naturalisten verlangt. Jetzt genügt es, aus allen diesen Künsten weg und zur verlorenen alten Kunst zu wollen, das nur zu sagen, nur zu fordern, um schon zu gelten und fast berühmt zu werden. Wie groß und heftig muß doch in allen dieser Trieb zum Wilhelmmeisterlichen sein!

Der neue Maeterlinck.*)

Jetzt werden es bald sechs Jahre, daß man zuerst von Maurice Maeterlinck vernahm. Damals flog sein heller Name plötzlich mit Geräusch empor. Octave Mirbeau war sein Prediger in Frankreich, ich wurde es unter den Deutschen, bald kam Maximilian Harden nach. Wir haben ihn nicht geschildert: wir haben

---

*) „Le Trésor des Humbles." Paris, Edition du Mercure de France. 1896.

ihn besungen. Wir dachten nicht, sein Wesen zu beschreiben; nein, aus unserer Begeisterung schrieen wir auf. So heftig loderte unser Enthusiasmus, daß seine Gestalt davon in Dampf und Rauch verschwand. Wir konnten nichts über ihn aussagen; Hallelujah haben wir ihm zugerufen. Wir wußten nur, fühlten nur: hier schlug ein Künstler Töne an, die wir noch nicht gehört und die wir doch gleich so vertraut wie eine Musik der eigenen Seele empfanden; unsere geheimen Stimmen wurden durch ihn laut. Dafür mußten wir ihm so dankbar sein. Es focht uns nicht an, wenn man seine Werke verspottete. Kein Einspruch, kein Tadel, keine Parodie konnte uns stören. Es trieb uns gar nicht, seine Werke zu verteidigen. Wir hielten uns nicht an sie. Unsere Lust war tiefer. Mochten sie wirr und dunkel sein; mochten ihre Wirkungen versagen; mochten sie vor dem prüfenden und logisch messenden Verstande nicht immer bestehen. Das besorgte uns nicht. Jedes seiner Werke gaben wir preis. Aber ihn selbst, wie wir ihn hinter allen Werken fühlten, hielten wir mit Inbrunst fest. Hinter allen Werken fühlten wir einen Menschen, der Geheimnissen, die wir sonst scheu bei uns verwahrt, zum ersten Mal die Zunge löste. Nicht was er sagte, nein, das Unausgesprochene und Unaussprechliche, das wir dabei empfanden, übte jenen großen Zauber aus. Er hatte die Gewalt, uns fühlen zu lassen, daß er im Ewigen, das wir nur ahnen dürfen, unser Bruder war. Was er sprach, bedeutete uns nichts; im Schweigen waren wir ihm nahe. Er selbst achtete das Reden nicht:

„dès que nous exprimons quelque chose", hat er einmal geschrieben, „nous le diminuons étrangement." Schön zu reden galt ihm nichts. Wie wir uns auch mit einschmeichelnden Worten einer Sache nähern wollen, wir kommen ja doch niemals an ihr Wesen heran; Worte bleiben immer in Umkreise draußen, eintreten dürfen sie nicht. So können Worte nichts gelten, gerade wie Thaten nichts gelten, die auch an sich nichts sind, sondern erst als Boten bedeuten, als Sendboten einer hinter ihnen waltenden Natur, die sie ausschickt, um sich zu verkünden. Seine Natur, wie seine Werke, seine Worte sie verkündeten, fühlten wir uns theuer und verwandt. So hatten wir an seinen Werken, wie seltsam sie oft uns befremden mochten, das starke, beruhigende und versichernde Gefühl, das die Gegenwart eines treuen und gewissen Freundes giebt: es ist ganz gleich, was er thut; er mag stumm für sich sitzen, vor sich hin rauchen oder trinken, ja mit uns murren; es genügt, daß wir wissen, er ist da — das bläst uns Muth und Hoffnung ein. Einen solchen treuen und gewissen Freund des neuen Geschlechtes, der durch seine bloße Existenz schon wirkt, haben uns seine Werke angemeldet. Das war das Glück, das sie uns brachten. Darum schrieen wir auf. Wir empfanden, daß dort, weit weg, im sanften Gent, bei den verschleiert an stillen Wassern wandelnden Beguinen, dieser muntere und hübsche Radfahrer und Advocat ein Bruder unserer zärtlichsten Verschwiegenheiten war.

Er fing sonderbar an. Oft war man fast versucht, auf ihn sein Wort über den wunderbaren Ruhsbroeck anzuwenden, den er einen betrunkenen Adler genannt hat. Im Dunkel taumelnde Gedichte, die sich nicht errathen ließen, kamen von ihm, dem Verstand unwegsame Verse, und wer seine Gestalten beschwören wollte, dem verblaßten und entsanken sie unter den Händen. Kleine Dramen für Marionetten hat er einmal ein Buch geheißen und das paßt für alle. Wenn Menschen sie spielen wollen, entgleiten, zerinnen sie gleich; auf der Bühne sehen sie wie verirrt aus und scheinen in eine fremde Dimension verstoßen, die sie nicht aufnehmen kann, ohne Wesentliches von ihnen abzuziehen. Wir mußten bekennen, daß ihnen die dramatische Kraft fehlt. Aber doch hat das Frieren zarter Seelen, denen die Welt zu rauh ist, die leisesten Emfindsamkeiten, alle Grade der Angst, das Zitternde der keine Worte wagenden, die Blicke niederschlagenden Liebe, die tiefen, so entsetzlich milden Stimmen des nahenden Todes niemand noch mit süßerem Schrecken mitgetheilt. Niemand ist noch so nahe gekommen, das Unsägliche, das wir täglich spüren, beinahe auszusagen; wie er einmal schrieb: j'ai vu quelque chose d'invisible. Niemand hat uns noch das Geheime, das wir oft im Lallen der Kinder oder im Stöhnen von Thieren so ängstigend, so betäubend vernehmen, und den Wert der kleinen Dinge, die himmlische Bedeutung einer flehenden Geste, eines dankenden Blickes so innig fühlen lassen. Darin war sein Zauber; das gab ihm jene Macht über die Jugend. Sie konnte seine Werke nicht immer bewundern,

wie man etwa einen köstlichen Dolch oder einen edlen
Becher bewundert, jede Linie preisend und immer aufs
neue, indem man ihn nach allen Seiten wendet, den
Geschmack und den klugen Sinn der so glücklich die
Formen bemeisternden Hand verehrend. Solche plastische
Schönheit fehlte ihnen; kein ruhig lächelnder Apoll
hatte sie gesegnet. Wie dunkle Fluten schwollen und
brausten sie dumpf, oft war es nur ein ungeheures
und beklemmendes Sausen, aber dann rangen sich
lieblich flüsternde Laute los, die freilich vielleicht gar
nicht von ihnen, sondern aus unserer eigenen Seele
kamen. Emerson hat einmal von Lord Chatham gesagt, daß, wer ihn sprechen hörte, gleich inne wurde,
in diesem Manne wohne etwas noch viel schöneres
als alle Worte, die er sprechen konnte. Seine Worte
mochten nichtig und gering sein, aber sie hatten immer
den Accent eines großen Menschen. Dieses gilt für
Maeterlinck: den Accent des großen Menschen verehrten
wir an seinen Werken. Was sie sagten, konnte uns
nicht immer bewegen, aber sie sagten es mit einer
Stimme aus, die wir lieben mußten.

Diese Stimme spricht nun wieder zu uns. Sie
ist noch ernster, noch dunkler geworden; Schmerzen
haben sich auf sie gelegt, davon scheint sie sich zu
biegen und wird oft so innig, daß man weinen möchte.
Nun erzählt sie nicht mehr das Los einzelner Menschen,
was dieser leidet, jener lechzt. Wie von einem hohen
Berge, wo das Einzelne der unten im Schatten schlafenden
Welt verschwunden ist und nur die großen Züge noch
zu sehen sind, redet sie jetzt. Fremd und fern klingt

sie manchmal, wie aus Wolken hören wir sie hervor, in unserer dumpfen Luft verstehen wir sie nicht. Aber es ist doch gut, daß sie uns im Gedränge der täglichen Triebe und Begierden einhalten, die Seele erheben und zur Sonne schauen macht.

Man mag das Buch am ehesten den Essays von Emerson vergleichen; so rhapsodisch ist es. Ein nach dem Schönen begehrender, jetzt verzagender, dann sich aufraffender, oft irrender, aber im guten Drange nicht nachlassender Mensch hat sich vom Leben abgewendet, sein Gefühl ist rein geworden, das Thier stört ihn nicht mehr, er will nichts mehr, sondern er schaut jetzt zärtlich seine Seele an und lobt, wie schön sie ist. Monologe der Andacht vor der eigenen Schönheit sind die Aufsätze: sie sind Gebete. Das ist der Name, der ihnen gebürt. Er giebt an, wie man sie aufnehmen muß: Argumente darf man nicht von ihnen fordern, sie sprechen nicht zum Verstande. Daß man seine Sätze logisch anfechten kann, hat noch keinem Gebete geschadet; seine Sätze wollen gar nicht eine Kette von Beweisen schließen, sondern sie sind Stufen der Schwärmerei, auf ihnen steigt die Seele empor. Sie können keine Anleitungen für die anderen sein; nur als Aneiferungen wollen sie dienen. Man darf nicht versuchen, sie nachzuahmen; nachfolgen sollen wir ihnen. Er gleicht einem Fakir, der sich dreht und schwingt: die einzelne Geste mag toll sein, aber er braucht sie, um sich in die große Verzückung, in den seligen Taumel zu bringen. Seinen heiligen Rausch läßt uns Maeterlinck in diesem Buche ansehen.

Man mag an Emerson, an Jakob Böhme, an die heilige Therese denken. Absorbé en Dieu hat Huysmans einmal einen Mystiker genannt: das ist das Wort für dieses in Erleuchtung versunkene, nach dem Unbegreiflichen schauende Buch.

Nicht, wie es ist, macht seinen Wert aus, sondern daß es überhaupt da ist. Daß es einen Künstler von heute drängt, Gespräche mit seinem Gott zu schreiben, das ist das Wunderbare an dem Buche. Daß ein junger Sänger beten geht, das wird Vielen seltsam scheinen. Er muß einen starken Glauben an die Seele haben. Ihre Herrschaft sieht er nahen, eine mystische Zeit hört er schon an der Thüre pochen. „Ein Bauer, der die Gabe hätte, auszusprechen, was er in seiner Seele hat, würde heute Dinge sagen, die in der Seele des Racine nicht waren. Die Menschen nähern sich jetzt auf eine geheime Art und über ihre Worte, über ihre Thaten hinweg, ja über ihre Gedanken hinweg wissen sie sich zu verstehen. Das ist eines von den großen Zeichen der geistigen Zeiten. Rings fühlen alle, daß die Beziehungen des täglichen Lebens sich verändern, und unsere jungen Leute sprechen und handeln schon ganz anders als ihre Väter. Eine Menge von Gebräuchen, Sitten, und Regeln fällt ab und wir alle, ohne es zu wissen, beurtheilen uns jetzt nur noch nach dem Unsichtbaren. Man darf glauben, daß der Mensch bald den Menschen inniger berühren wird und daß die Luft eine andere sein wird. Haben wir wirklich, wie Claude de Saint-Martin sagt, einen Schritt vorwärts auf dem hellen Wege der Unschuld gethan? Lasset uns schweigend warten; vielleicht werden wir dann bald die Götter murmeln hören."

Ein Journalist.

Als der erste Journalist, in dem Sinne, den wir heute dem Namen geben, tritt uns Pierre Bayle entgegen, der Autor des berühmten Dictionnaire: journalistisch ist sein lautes, aufgeregtes und anregendes, immer wagendes, oft bedrohtes, unstetes Leben gewesen und recht journalistisch ist auch sein Los, nach raschem Ruhm und großer Macht über seine Zeit so völlig vergessen zu werden, daß kaum ein leerer Schall von ihm auf uns gekommen ist. Herr Dr. Louis P. Betz, dem wir schon ein gescheites Buch über „Heine in Frankreich" verdanken, sucht nun in einem neuen Werke „Pierre Bayle und die Nouvelles de la République des Lettres" (Zürich, Albert Müllers Verlag, 1896) sein Andenken aus dieser Verschollenheit zu ziehen, indem er die Schicksale seiner Zeitschrift, der ersten „Revue," zu schildern unternimmt. Es ist amusant zu erfahren, wie sich der Ahnherr der heutigen Zeitungsschreiber dabei angestellt hat.

Es gab damals schon allerhand Zeitungen. Angesehen waren das „Journal des Savants" und die Leipziger „Acta". In ihnen sprachen Gelehrte ihre

Meinungen aus und verkündeten, was sie nachdenkend gefunden hatten: sie wollten belehren. Sein Blatt hatte etwas anderes vor: es sollte auch gelehrte Dinge bringen, aber nicht so sehr um der Wahrheit, sondern mehr des Vergnügens willen, das die Menge an ihnen, wenn sie gefällig zugerichtet werden, finden kann: es wollte vor allem unterhalten. Dort gebot die Wissenschaft; hier wurde der Leser der große Herr. Dieser Neuerung war er sich bewußt. Er schrieb: „Il faut savoir que plusieurs personnes et surtout de Paris m'ont quissament exhorté à ne point faire mon Journal uniquement pur les Sçavans. Ils m'ont dit qu'il faut tenir un milieu entre les Nouvelles de Gazettes et les Nouvelles de pure Science: afin que les Cavaliers et les Dames, et en général mille personnes qui lisent et qui ont de l'esprit sans être savans, se divertissent à la lecture. Ils m'ont fait comprendre que par ce moien le débit sera grand partout, qu'il faut donc égaier un peu les choses, y mêler de petites particularitez, quelques petites railleries et diversifier le plus qu'on pourra." Also: das Geschäft im Sinne, den Scherz zum Mittel, als ein Bedienter des Abonnenten, so hat der erste Herausgeber begonnen. Nicht um Gedanken handelt es sich ihm, sondern um ihren Vertrieb unter Leuten, die sich anders keine verschaffen und sie nicht direct vom Producenten beziehen können. Einen Zwischenhandel mit geistigen Dingen richtet er ein. Die neuen Kenntnisse, die bei den Gelehrten liegen, will er zu Waren machen, die etwas einbringen. Seine Sorge ist nie, in das Wesen einer Sache zu bringen, ihren ganzen Sinn zu entfalten, ihr gerecht zu werden, sondern er denkt nur, wie man sie herrichten, zubereiten und anmachen muß, um sie der Menge einzureden. Um die Etalage der Dinge kümmert er sich mit Fleiß: sie sollen hübsch aussehen, die Neugierde reizen und gekauft werden. Den Gelehrten kam es sehr seltsam vor und sie verfehlten nicht, ihn zu tadeln und zu warnen. Aber er ließ sich nicht beirren und gab nicht nach. Der Erfolg, zeigte bald daß er Recht hatte, der „über alles Erwarten große Erfolg. Anerkennung und Lob, ja enthusiastische Beglückwünschung wurden Bayle von nah und fern, von hoch und niebrig in reichstem Maße zutheil und mochten so wohl den streitbaren Gelehrten für manche innere und äußere Drangsale entschädigen. Privatgelehrte, Theologen und Philosophen beeilten sich, dem Herausgeber der Nouvelles den Ausdruck ihrer Ehrerbietung und Hochachtung zu Füßen zu legen. Einstimmig erklärte sogar die französische Akademie die Zeitschrift des protestantischen Flüchtlings als ein nützliches und wertvolles Unternehmen, worüber uns ein Schreiben de Benserades vom 18. Mai 1685 berichtet." Dieser Brief des Hofpoeten ist sehr lustig: das Unbehagen der alten Herren vor der neuen Macht sehen wir da sich wunderlich winden. Sie sollen ihn loben, weil sie ja seine Reclame nicht entbehren wollen, und möchten es nicht, ohne ihn doch ein bißchen zu kratzen. „En vérité, Monsieur, nous demeurâmes tous d'accord de votre mérite; et ce fut un sentiment unanime que c'était une belle commodité pour les Ignorants et pour les paresseux, que de lire le jugement que vous faites des Livres; puis qu'après avoir lu vos Nouvelles, ils en peuvent parler aussi certainement que s'ils les avaient lus eux-mêmes." Man kann diese Presse nicht besser definieren: une belle commodité pour les ignorants et pour les paresseux.

Eine unbeschwerliche und angenehme Bildung den Leuten ins Haus zu liefern, das war der Gedanke, der die Bedeutung des ersten Journalisten ausmacht. Dieser Absicht wäre natürlich ein festes Gefühl der Welt nur im Wege gewesen. Je vager er im Denken und im Fühlen war, desto gefälliger mußte er der Menge scheinen. So stand er denn nicht an, schon im ersten Hefte der Nouvelles zu erklären, daß er es wie Cicero halten wolle, beileibe kein Sclave seiner Meinungen zu sein. „Les goûts sont différents," versichert er gern und schließlich hat der eine so recht als der andere. Darum beeilt er sich, wenn er eben Ja gesagt hat, mit Eifer zu beweisen, daß man auch Nein sagen kann, und vergißt nicht, jedes Ding so zu drehen, daß man es von allen Seiten sieht. Er ist gar kein Pedant; er hat gar keine Gesinnung. An allem zweifelt er ein bißchen, nichts bestreitet er ganz. Er haßt nichts und liebt nichts. Er weiß, daß dem Publikum ein gelinder, immer fragender, niemals antwortender Skepticismus behagt, der das Große etwas herabzieht und das Kleine etwas hinaufhebt, bis alle Dinge so beiläufig gleich sind. Jene bequeme

Weltanschauung beginnt mit ihm zu keimen, die nichts leugnen, nichts behaupten will, alles möglich sein und sich vom Scheine der Minute treiben läßt, die Weltanschauung des Journalismus, die dann in unserer Zeit mit Renan und Anatole France zum Blühen gekommen ist. Als vorurtheilsfrei darf man ihn wohl rühmen, aber er ist es dadurch, daß er urtheilsfrei ist: er nimmt die Dinge an, wie sie gerade scheinen, und hat es leicht, sich nicht zu irren, da er es unterläßt, so oder so aus ihnen zu schließen.

Was bestimmt ist, mag er nicht. Die Jesuiten kann er so wenig als die Calvinisten und am wenigsten kann er die Künstler leiden, denen es ja wesentlich ist, gläubig zu sein, nichts als ihre innere Vision der Welt für wahr zu halten. Das ist ganz gegen seine Natur und so hat er eigentlich keinen Dichter je verstanden. Er nennt die Poeten „pousseurs de beaux sentiments" und staunt über ihr Wesen: „effectivement c'est une chose qui ne se comprend pas, que parmi des créatures qui se glorifient d'être raisonnables, comme de leur caractère de distinction, il y ait un métier public dont les principales proprietés sont de nous repaître de fables et de mensonges." Vom Drama hält er nichts; es ist ein Spaß für den Pöbel: „on doit considérer la Comédie comme un repas donné au peuple, l'importance est donc que les viandes paraissent bonnes aux conviez et non pas qu'elles aient été apretées selon les regles de l'art de cuisine." Weil er kein Künstler ist, kann er natürlich auch kein

Kritiker sein; wie sollte, wer keine Schönheit fühlt, über schön oder häßlich richten? Er vermeidet es, Werke an Gesetzen zu prüfen; er will nur ihr „Rapporteur" sein. Leibniz hat seine lässige, gedankenlos schlendernde, an den Dingen so vorüberspazierende Art einmal geschildert: „il passait aisément du blanc au noir, non pas dans une mauvaise intention ou contre sa conscience, mais parce qu'il n'avait encore rien de bien arreté dans son esprit sur la question dont il s'agissait." Er wußte eigentlich nichts; er konnte nur über alles reden. Er hatte nichts zu sagen und sprach doch in einem fort. Nie hat er etwas ernst genommen; immer hat er amusiert. Er ist der erste große Reporter gewesen.

Immer nur dem Moment ergeben, um's Ewige unbekümmert, viel schwätzend, nichts fühlend, der Kunst fremd, aber ein Kenner der Menge und Wünsche, so ist Bayle gewesen. So ist der erste Journalist gewesen. Aber man kann ja auch ein ungetreuer Enkel sein; diesen Trost wollen wir uns nicht nehmen lassen.

Emerson.

Es ist wunderlich, wie die jungen Dichter heute metaphysisch streben. Der kleine Mauclair, den die Pariser jetzt als ihre beste Hoffnung rühmen, kommt vor Betrachtungen der ewigen und geheimen Dinge zu keinem Werke; Maeterlinck grübelt faustisch über Ruysbroeck und Emerson*); und mit jedem neuen Verse zeigen unsere „Jungen," daß es ihnen wichtiger ist, ihre innere Ordnung zu finden als bunte Reime, üppige und bunte Adjective und die Lust metaphorischer Reize. Aber die Philosophen sollen nicht frohlocken. Es ist nicht die Begierde des Erkennens, die diese Dichter führt, sondern sie suchen aus der Region der Zweifel und Fragen zur Beruhigung und Gewißheit zu kommen, die ihnen erlauben würden, gut zu thun und schön zu sein. Sie wollen, daß es wieder möglich werde, sich zu den Dingen zu verhalten. Sie wollen keine Wissenschaft, sondern einen Glauben. Sie wollen nicht Beweise, sondern Gesetze. Es verlangt sie nach Ruhe und Ordnung, um schaffen zu können. Nietzsche kann ihnen das nicht geben, der ewig Suchende und ewig geflissentlich wieder Verlierende, der keine Rast will. Aber sie lieben Emerson und Hello.

Ralph Waldo Emerson, der vor zwölf Jahren verstorbene Phiolsoph der Amerikaner, der Stifter einer großen Bewegung, welche dort die „transcendentale" genannt wird, hat kein System, sondern allerhand bewegte, leidenschaftliche Aufsätze geschrieben, die in der farbigen, schwülen, brausenden Sprache eines Sehers und Verzückten Gedanken verkünden. Nichts wird da bewiesen; es heißt nur immer: das ist so.

---

*) „L'Ornement des Noces spirituelles de Raysbroeck" und „Sept Essais d'Emerson" bei Laconblez, Brüssel.

Und die jungen Dichter fragen auch gar nicht, ob es so ist; sondern sie fragen bloß, ob es ihnen hilft, wenn es so ist. Weil sie das hoffen, glauben sie an ihn. Sie verehren seine Lehre als Bestätigung und Ermuthigung ihrer Triebe.

Er predigt ihnen Stolz. Glaube an nichts als an Dich. Vertraue Dir. Gehorche Dir. Halte Dich nur immer an Dich. Höre, was Deine Seele verlangt, und folge ihr unverzagt. Es ist Dein Recht. Deine Triebe führen Dich gut. Achte sonst kein Gesetz, als nur Dich selbst. Wenn Dein Geist ruft, verlasse Vater, Mutter und Geschwister. Wie Stirner sagt: „Mir geht nichts über mich." Es ist die Forderung des homme libre von Barrès. Und auch seine andere Forderung gilt: il faut créer son Moi chaque jour. Hüte Dich, consequent sein zu wollen. Was Du nicht mehr fühlst, suche nicht zu zwingen. Laß Deine alten Meinungen, wie Joseph den Mantel in den Händen der Ehebrecherin ließ. Vergiß das Gestrige. Handle heute nach Deinen Worten und rede nach Deinen Gedanken, und wenn sie morgen anders sind, rede und handle morgen anders. Nur aus Dir selber wirst Du mächtig. Laß Deine Triebe walten.

Aber die anderen? Haben wir sonst keine Pflichten als gegen uns? Sollen wir nicht den Nächsten lieben? Sorge Dich nicht. Hege nur Dich selbst und Du wirst alle hegen. Die anderen, die Welt, alle Menschen sind in Dir, wie Du in ihnen bist, und wenn Du nur recht Du selber bist, bist Du sie alle. Ein heiliges Wesen lebt in allen Dingen. Wir sind das Fleisch

Gottes und alle Geschöpfe sind unser Fleisch, und wer sich erkennt, erkennt die Welt. Die Dinge sind Deine Aeußerung; Du bist ihre Seele. Du findest Dich in ihnen, sie finden sich in Dir. Du und sie — es ist ein Wesen in vielen Formen. Sei nur ganz Du und Du bist alles. Du bist nur ein Canal und Hafen des ewigen Geistes, der in allen Geschöpfen flutet. Wenn Du gehst, geht immer der Riese mit, der die Welt trägt. Wenn Du mit mir redest, lächelt hinter uns der große Jupiter sich selber zu, der aus Dir und mir mit sich spricht.

Aber Du bist nicht Du, wenn Du es nicht in Handlungen bist. Erst an Thaten wirst Du ganz. Sonst hast Du nur Stücke von Dir. Erst Deine Handlungen fügen sie. Geheimes, das sich sonst nicht regen will, wird dann offenbar. Unthätig bist Du kaum Deine Hälfte. Deine Handlungen bringen die andere erst. Sie sind Deine Bemühungen, Dich selber recht zu buchstabieren. Sie sagen Dir erst, was Du bist, und so kannst Du es durch sie erst sein. Glaube nicht, wenn Du hinter dem Pfluge gehst oder das Ruder führst, daß es geschieht, um zu pflügen oder zu rudern. Nein es geschieht, um Dich Dir zu zeigen. Am Pfluge, am Ruder wirst Du erst gewahr, was Du bist. Am Pfluge, am Ruder bist Du erst ganz. Suche Deine Thaten; sonst kannst Du Dich nicht finden. Deine Thaten äußern Dich nicht nur; sie vermehren und ergänzen Dich.

Das ist das Maß von Würde und Verdienst der Menschen. Sei Du selbst und sei es thätig und

Du wirst wirken. Aber wer nach den anderen fragt und nicht an sich glaubt, wird sich ohne Frucht vergeuden. In Dir ist eine Quelle; öffne sie. Dann wird eine ungeheure Kraft aus Dir brausen und die Menschen werden sich in Dir schauen und werden Dich segnen.

Wer die Macht hätte, nichts als ganz nur er selbst, aber das mit so inniger Gier zu sein, daß er durch sich die ganze Schöpfung würde, der wäre ein Dichter. Er würde, indem er sein Leben erzählt, die Welt erzählen und den letzten Kern aus allen Dingen leuchten lassen. Nach ihm rufen alle Wünsche.

Das sind die Gedanken, welche die jungen Gehirne von Emerson nehmen. Sie trugen sie heimlich lange in sich. Aber er löst ihnen jetzt die Zunge.

Vernon Lee.

Ich zeigte neulich, wie mir die Engländer von heute ohne Cultur scheinen. Sie haben die große Einheit des Täglichen mit dem Ewigen, aller Menschen und Dinge, von Kunst und Leben verloren. Kunst ist freilich da, aber sie kommt nicht mehr aus dem Leben und geht in das Leben nicht mehr, wird aus

Vergangenheiten geholt und, statt die Natur zu deuten, ihr Wesen zu suchen, ihre Werte auszulegen, will sie vielmehr aus ihr fliehen und sie in Träumen, Betäubungen, Extasen vergessen. Das ist der Sinn dieser gothischen Möbel und dantesken Trachten, dieser Lilien, Wappen, Pfaue, dieser Gewänder nach Mantegna und botticellisch feierlichen Gesten, welche die „Estheten" lieben. Sie wollen das Leben verleugnen.

Nun lasse man in diese Uncultur einen Menschen aus einer Cultur gerathen, der also eine mit dem Leben einige Kunst verlangen muß. Was wird da geschehen? Er wird sehr traurig sein, über die Kunst und über das Leben. Sie können ihm nicht genügen. Eine leere Kunst ins Blaue muß er hassen, weil sie kein Leben hat. Er wendet sich von ihr zum Leben, das er auch hassen muß, weil es keine Kunst hat. Es ist möglich, daß ihm der Schmerz die Kraft giebt, aus eigenem zu schaffen, was fehlt: die Kunst ins Leben zu stoßen und so Cultur zu bringen; dann würde er ein großer Künstler. Aber wenn er diese Kraft nicht hat, bleibt ihm nichts übrig, als über die Uncultur und seine Schwäche zu klagen, auf diese Zeit und dieses Land sehr böse zu sein und in bessere zu flüchten; er wird dann ein Dilettant in edlen und starken Vergangenheiten. Das ist der Fall der Miß Paget, die als Vernon Lee schreibt.

Sie wurde in Frankreich von englischen Eltern geboren. Französisch ist wohl ihr Gefühl von Cultur und diese unermüdliche Begierde nach einer lebendigen Kunst, die Erklärung und Verklärung des Täglichen wäre. Die suchte sie immer und konnte sie im Englischen nicht finden. Sie war eine Zeit unter den „Estheten," rechenete mit ihnen ab, lief in das Leben zurück, verzweifelte an jeder Existenz von heute und verließ ihr Land, um in der Fremde auch ihre Zeit zu verlassen. Sie ging nach Florenz, wo sie jetzt, ein paar Meilen vor der Stadt, der Pflege eines kranken Bruders ergeben, vom Weltlichen und Heutigen abgewendet, nur noch mit Gemälden und Chroniken von einst verkehrt. Das ist ihr Leben und so sind ihre Werke: die Rechnung mit der Décadence, in dem Romane „Miß Brown," der die Leere und den Jammer der „Estheten" zeigt; die Entdeckung der alten Culturen, n „Studies of the 18 century in Italy" und „Euphorion," Studien über die Renaissance; endlich die Novellen uud Dialoge, „Hannings" und „Baldwin," Versuche, die Culturen, die sie sich angelernt, nun auch ihrem Gefühle anzueignen wo denn freilich immer ein Rest, ein Unverhältnis bleiben muß, weil man doch aus seinem Volke, aus seiner Zeit nicht schlüpfen kann.

Diese Novellen haben eine gewisse Größe und dann noch einen ganz besonderen, starken, seltsamen Reiz. Die Größe ist in ihrer Begierde nach Cultur und Kraft. Der Reiz ist in ihrem Gefühle einer untröstlichen Verlassenheit vor dem Räthsel der Welt. Es gelingt ihnen ja nicht, selber eine eigene Ordnung der Natur zu finden, sondern sie zwängen sich gewaltsam in eine fremde. Das kann nun nicht völlig stimmen: die Natur von heute geht nicht in der Cultur von damals auf, es bleibt ein Rest und der wird als eine feindliche, grausame, unerbittliche Macht empfunden. Das drücken sie heftig aus. Aber das ist das Gefühl aller verworrenen und 'gestörten Seelen, die in der Finsternis leben, und das sind heute viele und diese finden sich hier.

Die Entfernung der Vernon Lee von den „Estheten" ist gar nicht so groß, wie sie meint. Sie ist ihnen nur um jenes Gefühl der Cultur vor. Beide vermögen nicht, aus dem Leben von heute eine Kunst von heute zu holen. So lassen die „Estheten" das Leben und tauchen in die alte Kunst. Sie ist ehrlicher und will Ordnung. Sie kann sich in der alten Kunst erst beruhigen, wenn sie das Leben gefunden und sich angeeignet hat, das zur alten Kunst gehört. Mittel, sich dieses Leben zu suggerieren, sind ihre Novellen.

So ist sie der großen, der edlen Kunst näher als die „Estheten," weil sie doch ihr Wesen spürt. Man braucht nicht erst zu sagen, daß sie ihr auch näher ist als die Naturalisten, die im Wirklichen an der Fläche bleiben, oder jene Impressionisten, die sich immer nur von den Sinnen, von den Nerven jagen lassen. Es fehlt ihr zur großen, zur edlen Kunst bloß die Kraft, aus sich, aus dem eigenen Leben zu schaffen und gestalten.

Malerei 1894.

Die dritte Wiener Internationale, die zwei Pariser Salons, die Neoimpressionisten in der Rue Lafitte, eine Sammlung von vierzig Manets bei Durand Ruel, der erste Versuch der Brüsseler Société des Beaux Arts, die Exposition universelle des Beaux Arts in Antwerpen, Münchener Glaspalast und Secession, die neuen Sachen im Luxembourg und in der Pinakothek, und manche Wanderung in Ateliers — das giebt so an die sechzehntausend Proben der Malerei von heute, die ich diesen Sommer sah. Es ist gerade genug. Die Sinne schwindelt und man möchte vor Hast und Zwist von tausend wankenden Gefühlen fast verzagen. Furcht, Ärger, Hoffnung, Trost und Zweifel streiten. Es dauert, bis sich leise aus dem Taumel doch endlich verläßliche Gedanken regen.

Man erschrickt vor den vielen Copisten. Das ist das erste Gefühl. Alle copieren. Alle ahmen alle nach. Das ist so in Paris und ist in Brüssel so und ist in München nicht anders. Jede Note wird gleich Manier, wird Schablone. Niemand bleibt allein für sich. Gleich ist immer eine Gruppe, ein Gefolge, eine Schule um jede Art. Das Experiment von heute ist morgen schon Mode. Diese malen die schmerzlichen, kranken Dämpfe des Carrière, wo in fahlen Scheinen huschend müde Seelen zucken; jene malen in den weichen und verschleierten Accorden der Puvis und Cazin; oder, in rapiden Sprüngen greller Flecken, die Extasen und Verzückungen der Sonne, nach Besnard; oder jene schauerlichen, wilden, gleißnerischen Märchen von Moreau; oder die dunklen und entrückten Frauen des Rosetti und Burne Jones, mit den schweren Dolden rother Locken und jenem Dünkel der jähen und hämischen Lippen. Alle malen Plagiate, technisch ohne Tadel und dem Muster nahe, aber die doch, weil die stille Gnade einer ehrlichen Gesinnung fehlt, nimmer wirken mögen; es fehlt der Saft der eigenen Empfindung. Das macht, daß sie verkümmern, ohne Mächte über das Gemüth, und giebt eine Kunst nach der Kunst, statt nach dem Leben, die, statt Gefühle, nur Erinnerungen zu gestalten und so auch, statt Gefühle, nur Erinnerungen zu wecken weiß. Wie denn etwa der amerikanische Saal in Antwerpen ein Ausverkauf aller europäischen Stile war, in allen beliebigen Techniken, Methoden und Marken, ohne Wahl — Stewart bald Fortuny, bald van Beers, aber in zwei fleckigen Acten Roll; Charles Sprague Pearce, sonst in den Spuren des Jules Breton, mit seiner „Verkündigung" plötzlich Point oder Henri Martin und in der grauen „Wittwe" gar kopfisch düster und verhängt; Walter Mac Ewen in der „Madeleine" Heilbuth und Aublet, in der „Gespenstergeschichte" Israels, Liebermann, Kuehl, in der „Hexe" Gallait und Piloty.

So äffen alle fremde Geften, reben in künftlichen Sprachen und weil fie alle Stile können, haben fie fchließlich keinen. Schein und Maskerade ift alles und fo kann es nicht treffen. Man glaubt ihnen nicht, was fie machen, weil es eben gemacht ift, aus Verftellung, Laune, Bravour, ungefühlt, ohne Ergriffenheit, Ernft und Treue. Man merkt immer gleich, es könnte auch anders fein. Es kommt ihnen nicht vom Herzen. So kann es nicht zwingen.

Aber noch mehr und was wunderlicher und was fchlimmer ift: das gilt nicht nur von den vielen Copiften, es gilt jetzt auch fchon für die Meifter felbft. Die Meifter felber wirken jetzt oft wie Copiften, wie ihre eigenen Copiften. Man möchte vor diefem letzten Puvis, diefem letzten Besnard, diefem letzten Böcklin eher meinen, daß fie nur in der Manier des Puvis, Besnard, Böcklin von genauen, knechtifch kümmerlichen Epigonen find, die mit Sorge die geheimen Mittel, Liften, Witze jener Lehrer, den ganzen Apparat, nur leider ihre Seele nicht haben. Man fieht den üblichen Stempel, die Gefte, die Schrift; aber der innige Geift ift weg. Es fcheint: auch die Meifter können nicht mehr fühlen, fie denken jetzt nur noch an die Gefühle von einft. Was damals in Wonne, Leidenfchaft und Schauer unverlangt und unbewußt, ja wie nachtwandlerifch empfangen war, das müffen fie jetzt mühfam, peinlich mit dem Verftande erpreffen. Es quillt nicht mehr. Gefühlte Werke, diefe unvermeidlichen Thaten der Natur, Vergewaltigungen der Künftler durch das Leben fehlen.

Was helfen da alle technischen Reize? Die kann man ja freilich nicht leugnen. Sie melden sich vernehmlich. Es ist kein Zweifel: nie wurde besser gemalt. Da sind ein paar Zauberer und verruchte Akrobaten, Degas, Bolbini, Zorn, Dannat, Rolshoven, Sargent, daß an Magie der Mache die Japaner selbst sich kaum vergleichen dürfen. Unmögliches ist ihnen banal und sie tanzen in den feinsten, schlimmsten, heimlichsten Problemen. Und es ist auch kein Zweifel: nie wurde gerade von der Menge besser gemalt; der Stümper kann jetzt mehr als sonst der Virtuose — selbst die Wiener fangen schon an. Die „Avantagen der Zeit", goethisch zu reden, sind unendlich. Aber das tröstet wenig. Was hat denn schließlich die Kunst von diesen Künsten? Was nützen alle Kräfte, wenn niemand sie nützt? Sie verlangen und warten, daß ein mächtiges Gefühl ihnen gebiete, Wunder zu thun, und das mächtige Gefühl will nicht kommen.

Eher mag ein anderer Trost gelten, der immer deutlicher wird. Immer deutlicher wird ein tapferer Drang der Malerei, nichts als Malerei zu sein. Das ist neu. Das war sie sonst nicht. Sie war sonst allerhand. Nur gerade Malerei war sie nicht, hundert Jahre nicht, seit dem Ende des Rococo. Sie war eine Zeit Moral, welche Gesinnung, Größe, Schwung gewähren, „bürgerliche Tugenden wecken" wollte, wie es die Pariser Jury von 1793 als ihre Pflicht verkünden ließ. Sie war Philosophie, Erhabenheit und Lösung aller Räthsel suchend. Sie war Anekdote, witzelnd oder weinerlich. Sie war Politik, patriotisch ober revolutionär. Sie war Photographie, treuer Schein des Lebens, wie es täglich ist. Nur, was sie heißt, war sie nicht: Malerei, Lust und Leib, Rausch und Zauber, Orgie und Fest von Licht, Extase, die in Farben lallt. Das will sie jetzt endlich wieder werden. Wie der Sänger singen und der Dichter dichten, so soll der Maler malen — das hat sie jetzt endlich wieder gefunden. Wer von einem Walzer verlangt, daß er erzählen soll, und fragt, was er denn eigentlich meinen und sagen will, und tadelt, daß er keinen deutlichen und klaren Sinn hat, wäre lächerlich. Ein Walzer ist doch keine Novelle. Was braucht ein Walzer Vernunft und ethische Bedeutung? Wenn er nur klingt! Er soll schöne Töne schön gesellen. Ob sich dabei auch noch was denken läßt, ist gleich. Es kann ja sein. Es kann sein, daß ein Walzer den Tanz von Elfen oder Flüge von Libellen, also dichterischen Traum oder wirkliches Leben in unserem Sinne weckt. Er hat dann eben außer seinem musikalischen noch einen anderen, unmusikalischen Reiz. Seinen musikalischen Wert wird das nicht ändern. Und so weiß man jetzt auch endlich wieder, daß ein Bild nur schöne Farben schön gesellen soll. Wie sie glänzen, klingen und verschmelzen, das macht seinen Wert. Wenn es ihm glückt, mit diesem bunten Zwiste und dieser magischen Versöhnung der Farben auch noch Gedanken, Wünsche, Erzählungen zu bringen, desto besser. Seine malerische Geltung trifft das nicht. Es ist dann eben noch mehr als Gemälde. Als Gemälde gilt es nur durch die Farbe allein. Diese hundert

Jahre verlorene Wahrheit hat man jetzt endlich wieder. Es ist das Verdienst des Naturalismus — unwissentlich allerdings. Seine Losung, das Tägliche, die jähe Flucht der Dinge, den Moment zu haschen, trieb jene Philosophieen, Allegorieen, Mythologieen weg, wo eine dürftige und lahmende Malerei sich in prahlerischen Plänen versteckte. Seit man nur noch Rüben, Heu und Schweine malte, lernte man wieder malen, weil doch Rüben, Heu und Schweine nicht durch sich, sondern nur ihr Licht, ihre Farbe, ihre Luft gefallen, wirken konnten. Da gab es keinen Schwindel mehr, keine Täuschung durch bedeutende oder doch angenehme Stoffe, welche Mängel der Mache decken. Malerische Werte und Verdienste allein machten diese nichtigen, ja oft unerträglichen Dinge möglich. Nur das Malerische konnte an ihnen gelten.

Und endlich, was auch immer deutlicher wird: die Malerei ist auf dem Wege, sich wieder dem ewigen Wesen der Kunst zu nähern. Noch ein Verdienst des Naturalismus, wieder unwissentlich, ja gegen seinen Willen und Verstand, zum eigenen Schaden und Verlust. Nämlich wenn man den Flug der Erscheinungen fassen, die momentane Wahrheit wollte, mußte man verzichten, ihre ganze Fülle mit allen Zügen zu geben, die doch immer vor irgend einer Dominante verschwindet. Diese, die unabläsfig wechselt, war zu bringen, um recht das veränderliche Gesicht der Minute zu treffen, und so wurde der Naturalismus durch seine eigene Losung getrieben, im Wirklichen zu wählen, Nothwendiges und Zufälliges zu scheiden und, indem er also sich selber aus sich selber verleugnete, wieder den vergessenen Sinn der Kunst zu wecken, den neulich Maurice Barrès gesagt hat: qu'une oeuvre d'art est surtout faite par l'élimination de tout ce qui n'est pas indispensable. Wahl, Veränderung der Natur und Ordnung wurde wieder Gesetz. Daher auch plötzlich der Eifer für die Japaner, diese Meister der rapiden Dominanten, der jetzt rings schon seine Folgen zeigt.

So sind an der heutigen Malerei schließlich doch drei tröstliche Dinge vernehmlich, die sich zuletzt aus der Verworrenheit vieler Gefühle lösen. Man gewahrt, daß sie die besten Mittel, Scham vor unmalerischen Wirkungen und einen redlichen geraden Drang zum „Rechten der Kunst" hat. Es müßte jetzt nur noch ein heiter thätiger Held jene Kräfte nützen, diesen Begierden genügen, handelnd alles bewähren.

Manche glauben diesen Helden und Erlöser schon in James Mc. Neill Whistler gekommen. Der Ruhm des amerikanischen Iren, der jetzt gerade sechzig Jahre hat, ist heute groß und weit. In Paris und London gilt er lange. Gesuchte Gesten, wunderliche Reden und ein unverwüstlicher Haß der gemeinen bürgerlichen Meinungen machten ihn zuerst bekannt. Die Laien wußten mit seinen „Harmonien in Weiß", „Symphonien in Blau und Rosa", „Variationen in Grau und Grün", die geflissentlich jeden unmalerischen Reiz vermieden, wenig anzufangen und es schien närrisch, wenn er, um die Stimmung zu fördern, der Kleidung seiner Diener, ja selbst den Tapeten und

Möbeln der Ausstellung die Farbe seiner Gemälde gab; auch raufte er mit allen Leuten, schmähte den großen Ruskin grimmig und die Menge um jeden Preis zu verblüffen, durch Schrullen, ärgerliche Tracht und eine mit wüster Geckerei in die Stirne zottelnde Locke, war immer sein unermüdlicher Eifer. Aber die Kenner mußten ihn achten und eine Gemeinde stiller, doch fanatischer Verehrer wuchs. Jetzt herrscht sein Name europäisch. Sein Bildnis des Grafen Montesquiou in „Schwarz und Gold" war heuer der clou des Champ de Mars und in Antwerpen schlug er mit sechs Gemälden alle Rivalen. Es giebt nichts, das neben seiner Kraft und Ruhe bestehen könnte. Da scheinen die besten Künste der anderen Experiment und Spiel. Nur er zwingt. Man kann ihn nicht anders denken, als er ist, und seiner gelassenen, unabänderlichen, nothwendigen Existenz muß man sich fügen. Er zwingt wie eine That der Natur, die ja auch einmal ungefällig, böse, häßlich sein mag, aber nicht geleugnet werden kann. Wenn man von ihm spricht, an ihn denkt, seine Sachen sieht, kommt immer gleich der Name Velasquez. Sie sind im Geiste unzertrennlich. Nie glichen sich zwei Künstler mehr. Er weiß, was seit Velasquez keiner: alles Malerische aus der Natur zu ziehen; und wie Velasquez reduciert er die ganze Welt auf malerische Zeichen und Siegel. Alles ist ihm Farbe und nur Farbe ist ihm das Wesen. Er kann nicht anders als in Farbe denken, fühlen, sprechen. Jede Meldung aller Sinne setzt sich ihm gleich in Farbe um und wird in Farbe vergolten.

Er empfängt alles in Farbe und erwiedert es in Farbe. Er giebt immer nur Dinge der sinnlichen Welt, weshalb er wohl ein Realist heißen mag, aber er giebt sie in Farbe verwandelt, auf ihren farbigen Wert gebracht, so daß diese nämlichen Dinge neu und anders scheinen, weil er sie ungeheuer vereinfacht und in einen einzigen Sinn nimmt, was sich sonst auf alle vertheilt. Daher die unendliche Lust der Augen an seiner Weise, weil sie sich da als Monarchen der ganzen Erde fühlen dürfen, die keinen anderen Sinn, kein Denken brauchen. Und man muß nur staunen, daß von dieser reichen Wonne nichts an das Gemüth bringt: jene Macht des Fiesole oder Leonardo, durch das Glück der Sinne die tiefe Seele zu bewegen, fehlt ihm, wie sie Velasquez fehlte. Er wirkt immer weltlich, an der Fläche des Menschen, auf die Sinne. Seelisches weckt er nie. Und so wird er doch wohl, bei aller Größe und Gewalt, der kräftige Held der neuen Kunst nicht sein.

Andere vertrauen lieber auf Ferdinand Khnopff. Man wird sich den wunderlichen Namen merken müssen. Der bairische Regent hat jetzt ein Bild von ihm gekauft und in die Pinakothek gegeben. Früher kannten ihn wenige. Er stellte selten aus. Einiges war auf der Pariser Weltausstellung von 1889, bange, trübe, schauerliche Räthsel. Und dann im Salon der Rosenkreuzer von Peladan und in der New Gallery. Oder man mußte in seine Brüsseler Eingezogenheit bringen, draußen in der weiten, leeren, kahlen rue Saint Bernard, die hallt. Da schafft er seine dunklen Träume, einsam und scheu. Er hat eine Vignette zu dem erſten Roman von Rodenbach gezeichnet, die todte Brugeß darſtellend. So gehen von ihm Fäden zur literariſchen Jugend, zu Eckhoud und Maeterlinck. Es iſt die nämliche Note von melancholiſch in ſich ſchauenden Beguinen: taub gegen die ſinnlichen Dinge, aber die ſeeliſchen mit Inbrunſt hegend. Die geſtaltet er. Er erinnert an Whiſtler: auch ihm wird alles Farbe; auch er kann in Farbe nur empfangen; auch er muß in Farbe ſtets erwidern. Nur iſt es nicht die fremde Welt von draußen, ſondern es iſt die Tiefe der eigenen Seele. Er blickt einwärts, blickt in ſeine letzten und unirdiſchen Gefühle. Dieſe kündet er in Farben, die denn auch mehr als eine ſinnliche Freude, die durch dieſe dem Gemüthe Bewegung oder Beſchwichtigung geben: Pforten nach innen gehen auf, Vergeſſenes wird laut, Dunkles hell, Geheimes redet — er hat jene Macht des Fieſole und Leonardo. Und ſo, wenn er nur erſt noch die Spuren der engliſchen Schule von ſich ſtreift und die neue Gefahr zu vermeiden weiß, vom Maleriſchen weg in das Poetiſche zu gerathen, mag er dieſe Hoffnung wohl verdienen.

Schweine.

In der Münchener Secession hängt heuer ein Bild, das, vielgepriesen, mehr bestritten, oft gescholten, Achtung verdient. Es ist von Hubert von Heyden, einem durch seine redliche und reine Mache sowie einen innigen, freien, die Gegenstände verklärenden Sinn bemerkenswerten Maler, und stellt eine Gruppe von Schweinen dar, die sich, wollüstig verbauend gelagert, mit Inbrunst dem Genusse des Lebens hingegeben, von Behagen schnaufend, einem meditativen Schlummer überlassen, während ein anderes, einsamer im Gemüthe und mehr zum Eremiten angelegt, wie von inneren Skrupeln getrieben und um die Räthsel der Welt besorgt, von der Herde weg gegen ein glänzendes Feld hin, langsam und in Gedanken versunken, geht. Das Bild heißt „Ruhe im Saugarten"; doch könnte es sich nach der jetzigen Mode mit Recht Harmonie in Rosa oder Symphonie in Rosa nennen, da doch in der That diese Bäuche, Brüste und Rüssel nur ein Vorwand und Anlaß sind, alle Nuancen von Rosa zu entfalten und eine wahre Litanei dieser Farbe anzustimmen, jeden Ton, den sie geben kann, aufs Zärtlichste hegend und sie vom heimlichen Geflüster zum braufenden Hallelujah geleitend, bis man denn bald die Zunge einer Orchidee, bald eine unfäglich hold glitzernde Robe, bald die milden Fittige kleiner Engel zu fehen glaubt.

Das Bild hat das Glück, der Menge zu mißfallen und sich den Zorn und Haß der Laien zuzuziehen. Diese toben sehr und da sie nicht leugnen können, daß es mit einer unwiderstehlichen Macht gemalt ist, behaupten sie doch, daß man eben gewisse Dinge gar nicht malen darf, und schmähen den exessiven Naturalisten. Derlei Anklagen, die durch geschäftige Advocaten aller Albernheiten auch in die Presse kommen, schaden jedoch nicht, sondern, indem sie uns zwingen, unser Gefühl gegen sie zu vertheidigen, werden wir vielmehr durch sie erst recht die Schönheit und Größe des Bildes inne.

Die Meinung, daß es Dinge giebt, die man nicht malen darf, ist unkünstlerisch. Alle Dinge haben vielmehr ein Recht, durch die Kunst zu sich selber zu kommen, wenn auch manche es ihr schwerer, andere leichter machen. Alle Dinge sind Aeußerungen des Ewigen im Zufälligen; das Zufällige aus ihnen zu entfernen, das Ewige an ihnen rein darzustellen ist das Amt der Kunst; sie soll alle Schleier und Hüllen ziehen und ihr Wesen sehen lassen. Manche Dinge scheint nun die Natur selber hiefür bestimmt und vorbereitet zu haben; so vernehmlich und hell schimmert aus ihrer rohen Erfahrung schon der wahre Gehalt durch; sie haben nur ein ganz dünnes Hemd, einen durchsichtigen Flor von Zufälligkeit an. Aber den

Künstler werden auch die anderen nicht schrecken, die Panzer tragen, sich wehren und gewaltsam erst gezwungen werden müssen, das Visier zu öffnen. Je künstlerischer er ist, desto fähiger wird er sein, durch alle Dickichte, Höhlen und Verstecke zur gefangenen Schönheit einzubringen und es wird ihn reizen, in seinem Gemüthe so lange zu suchen, bis er die Gefühle findet, alle Verzauberungen zu lösen. Ist er so weit, so wird er nichts mehr verachten, nichts mehr verschmähen, weil er in den vielen Formen das eine Wesen ehrt oder, katholisch gesprochen, in allen Werken Gott sieht. Er kann dann nichts mehr bevorzugen, er ist gerecht und wenn die heilige Teresa sagt, daß es eine Sünde ist, irgend ein Ding besonders zu lieben, mehr als die anderen, so hat sie aus dem letzten Gefühle der ganz großen Künstler gesprochen. Sie scheiden gut und böse nicht mehr, begünstigen nichts, sondern, wie wir in den Legenden das Gemeine und Schändliche, verrufene Arbeiten, den Umgang mit Elenden, ja mit Thieren gesucht sehen, so loben sie unendlich alles, was da ist, wie gering es scheinen mag, hinter allen Werken dasselbe Angesicht schauend.

Dieses Thema haben Goethe und Schiller, als sie in jenen Gesprächen und Briefen den „eigentlichen Punkt, worauf es ankommt", so unermüdlich suchten, oft mit Liebe und Eifer verhandelt. Goethe war eine Zeit geneigt, manche Gegenstände als künstlerischer anzusehen, jene, die das Ewige geschwinder offenbaren, lange meinend, daß es an den Dingen sei, uns Empfindungen zu geben, bis er sich allmählich besann, daß es vielmehr an uns ist, ihnen Beziehungen zu geben. Erst auf seiner Reise von 1797 wurde er das gewahr und man mag in seinem Frankfurter Briefe an Schiller vom 17. August nachlesen, wie dankbar staunend er es zu verzeichnen eilte. Schiller antwortete ihm: „Das sentimentale Phänomen in Ihnen befremdet mich gar nicht und mir dünkt, Sie selbst haben es sich hinlänglich erklärt. Es ist ein Bedürfnis poetischer Naturen, wenn man nicht überhaupt menschlicher Gemüther sagen will, so wenig Leeres als möglich um sich zu leiden, so viel Welt, als nur immer angeht, sich durch die Empfindung anzueignen, die Tiefe aller Erscheinungen zu suchen und überall ein Ganzes der Menschheit zu fordern. Ist der Gegenstand als Individuum leer und mithin in poetischer Hinsicht gehaltlos, so wird sich das Ideenvermögen daran versuchen und ihn von seiner symbolischen Seite fassen und so eine Sprache für die Menschheit daraus machen.... Freilich, der Gegenstand muß etwas bedeuten, sowie der poetische etwas sein muß; aber zuletzt kommt es auf das Gemüth an, ob ihm ein Gegenstand etwas bedeuten soll, und so deucht mir das Leere und Gehaltreiche mehr im Subject als im Object zu liegen. Das Gemüth ist es, welches hier die Grenze steckt, und das Gemeine oder Geistreiche kann ich auch hier wie überall nur in der Behandlung, nicht in der Wahl des Stoffes finden. Was Ihnen die zwei angeführten Plätze gewesen sind, würde Ihnen, unter andern Umständen, bei einer mehr aufgeschlossenen poetischen Stimmung, jede Straße, Brücke, jedes Schiff, ein Pflug oder irgend ein anderes mechanisches Werkzeug vielleicht geleistet haben. Entfernen Sie aber ja diese sentimentalen Eindrücke nicht und geben Sie denselben einen Ausdruck, so oft Sie können. Nichts, außer dem Poetischen, reinigt das Gemüth so sehr von dem Leeren und Gemeinen als diese Ansicht der Gegenstände, eine Welt wird dadurch in das Einzelne gelegt und die flachen Erscheinungen gewinnen dadurch eine unendliche Tiefe. Ist es auch nicht poetisch, so ist es, wie Sie selbst es ausdrücken, menschlich und das Menschliche ist immer der Anfang des Poetischen, das nur der Gipfel davon ist." Das blieb fortan zwischen ihnen definitiv und viele Jahre später noch, 1827, hat es Goethe zu Eckermann dahin ausgesprochen: „Unsere deutschen Aesthetiker reden zwar viel von poetischen und unpoetischen Gegenständen und sie mögen auch in gewisser Hinsicht nicht ganz Unrecht haben; allein im Grunde bleibt kein realer Gegenstand unpoetisch, sobald der Dichter ihn gehörig zu gebrauchen weiß." Und so hätte er denn wohl gewiß nicht zögern dürfen, auch Schweine als malerisch gelten zu lassen, wofern sie nur einen Maler finden, der sie „gehörig zu gebrauchen weiß."

Darum ist es auch gar so dumm, hier über „Naturalismus" zu jammern. Man sollte nun doch allmählich schon wissen, was naturalistisch ist. Aber die Menge hat immer noch den Wahn, es im Stoffe, statt in der Behandlung zu suchen; wer Arbeiter, Elend und überhaupt unanständige Sachen darzustellen unternimmt, ist ihr ein Naturalist und der Idealist hat sich unter Prinzen, im Fracke zu bewegen. So muß man denn zum so und so vielten Male wieder=holen, daß es ganz gleich ist, was einer malt, und nur gilt, wie er es malt: ob er einen Gegenstand in seiner einmaligen Erscheinung oder in seiner ewigen Bedeutung bringt, ob er ihn nach der sinnlichen oder nach der symbolischen Seite nimmt, ob er allein den Schein der Dinge nur oder hinter ihm den Sinn der Dinge will. Und weil diese Schweine nicht als Schweine, sondern als Repräsentanten beschaulicher Demuth, stiller Schönheit und inniger Ergebung ge=malt sind, so daß man sie im Gemüthe leicht mit Mönchen, Heu und Abendglocken vertauschen kann, darum ist ihr Maler kein Naturalist, sondern ein Künstler.

Er ist es desto mehr, weil er so Geringem seine Schönheit zu entlocken weiß. Die Bedeutung eminenter Dinge, prunkender Frauen, edler Steine, stolzer Pferde, der Blumen und der Sterne fühlen auch die kleinen Menschen; sie brauchen gar nicht erst den Künstler; ohne ihn sprechen sie unmittelbar zu uns und nennen ihr Wesen selbst. Aber wir sehnen uns nach dem großen Zauberer, der auch im Häßlichen, das unsere Sinne betrübt, die strahlende Seele wecken wird, bis nichts mehr leer, nichts mehr stumm, nichts mehr dunkel, rings nur Pracht, Jubel und Licht ist.

Die Secessionisten in Wien.

Was sagen dem nun die Wiener zu diesen Secessionisten? Schwärmen oder spotten sie? Wird es das Ende ihrer Ausstellung sein, daß sie jetzt auf die „neue Richtung" schwören, oder werden sie nur noch conservativer wieder zu den alten Schablonen kehren? Wie werden sie wählen? Sagen sie Ja oder sagen sie Nein?

Sie sagen vorderhand noch lange nicht ganz Ja, aber sie sagen doch schon auch nicht mehr ganz Nein; sondern es gelüstet sie, sowohl ein bischen Ja als auch zugleich ein bischen Nein zu sagen. Vor der stillen, schlichten, braven Sachlichkeit vor. Kalkreuth oder Kuehl, vor der cäsarischen Gewalt von Stuck, ja bis an die Taumel und Bravouren von Albert Keller — da staunen sie, wollen es sich gar nicht gleich gestehen und können es doch schließlich nicht leugnen: „Das ist groß, das ist mächtig, das ist kühn! Was hat man uns denn da für Lügen und absurden Trug gesagt? Nein, das sind keine Verräther und Verderber, keine Vandalen, Ketzer und Apostaten der Kunst, die so edel, ungemein und herzlich wirken. Man hat sie verleumdet. Wir lieben sie." Aber wenn sie dann vor die hektischen und irren Träume des Hofmann oder diesen Exter kommen, wo das Meer so unmöglich blau und das Kleid so unglaublich roth ist, da scheuen sie, lachen erst, zürnen dann, wehren sich ernstlich und sagen: „Nein, das geht doch nicht. Das ist zu dumm. Wir lassen uns nicht foppen. Das ist ja keine Malerei. Das ist ein Rebus. Da ziehen wir immer noch unsere Herren Moll und Felix vor." Und endlich vergleichen sie diese Gefühle, das freundliche mit der Entrüstung, bestätigen sie und schließen: „Es sind einige da, die uns sehr, und andere, die uns gar nicht gefallen. Man darf nicht so von einer modernen Malerei in Bausch und Bogen sprechen. Jeder malt doch anders, manche schön, manche schrecklich. Es sind in dieser modernen Malerei drei, vier, fünf Malereien, die sich nicht vertragen. Man kann nicht für noch gegen alle sein." So meinen sie und sind es zufrieden, weil es ja mit jener milden Wiener Neigung stimmt, nie Partei zu nehmen.

Da möchte ich nun zeigen, daß man das nicht darf. Gewiß darf man diesen Maler über jenen stellen, weil er mehr kann oder sich dem eigenen Wesen nähert. Aber man darf nicht in einer nothwendigen und unvermeidlichen Entwicklung plötzlich halten und zaudern. Es giebt nur zwei Dinge: man will die moderne Malerei nicht — dann muß man schon gegen ihre Anfänge sein; oder man will sie — dann darf man auch ihre Folgen nicht fürchten. Man kann sagen: uns genügt die Malerei von gestern, wir brauchen keine andere. Gut. Aber wer sie je verläßt, um den ersten Regungen einer Malerei von morgen zu lauschen, der muß dann schon auch unaufhaltsam gleich bis an das Ende mit, weil ja nicht eine Laune der Künstler, sondern das innere Gesetz der Kunst ihren Verlauf, ihre Wandlungen lenkt. Das möchte ich zeigen. Ich möchte es gelassen, ja geflissentlich banal und nüchtern zeigen, in den nächsten hausbackenen Worten, um durch keine Bestechungen der Rede, sondern nur allein durch die Sache selbst zu wirken.

Die „moderne" Malerei, die „neue Richtung" begann, als einige junge Maler plötzlich anders malen wollten, als jene alten Maler malten. Das war unerhört. Sonst hatte man den jungen Maler erzogen, indem man ihm sagte: „Das ist die deutsche, das ist die italienische, das ist die holländische Malerei. Schau sie Dir gut an. Vergleiche sie und prüfe Dich, welche Deinem Wesen und Deinen Gaben am besten entspricht. Wähle Dir ein Muster. Ihm suche zu gleichen. Nach dem Grade Deiner Näherung an Deinen Meister wirst Du gelten und bedeuten." Und nun wollte der junge Maler das plötzlich nicht mehr, sondern betheuerte pathetisch, wie Millet, „lieber Maurer zu werden, als gegen seine Ueberzeugung zu malen". Das war der erste Schritt vom Wege der Tradition und nun war die Revolte nicht mehr zu halten.

Aber was meinten denn diese Trotzigen eigentlich, wenn sie so heftig sich wehrten, „gegen ihre Ueberzeugung zu malen"? Sie fühlten es als Schande, sich in fremde Muster zu fügen. "Warum denn, riefen sie, warum denn immer nur die großen Meister äffen? Haben denn die großen Meister das gethan? Nein, es fiel ihnen nicht ein, nach den Gemälden ihrer Lehrer zu malen, sondern sie malten unbekümmert nach der Natur. Es giebt keine Schule der Künstler als die Natur. Es giebt keine Pflicht der Künstler als die Wahrheit. Lasset uns aus den Museen weg in die Wälder von Barbizon gehen!" Wahrheit und Natur wurden die Losung. Der vérité vraie baute Courbet seine freche Baracke am pont d'Jena und wenn er prahlte: "Das Princip des Realismus ist die Negation des Ideals", so war das "Ideal" für "Tradition" gesagt und es sollte nur heißen: wir wollen nicht mehr die alten Gemälde malen, die die großen Meister malten, sondern die Welt, wie sie ist.

Da saßen sie denn einsam, Empörer gegen alle Schulen, der Wahrheit allein ergeben, und eiferten, die Dinge zu treffen, wie sie sind. Aber es ging ihnen wunderlich: indem jeder genau die Wahrheit, die ganze Wahrheit, nichts als die Wahrheit zu malen glaubte, zeigte es sich, daß jeder anders malte. Indem sie die Wahrheit suchten, fanden sie, daß es keine giebt. Sie wurden gewahr, daß es dem Menschen versagt ist, die Dinge zu fassen, wie sie sind, und daß er sich bescheiden muß, sie zu nehmen, wie sie ihm scheinen. Nun lernten sie ihren Streit gegen die Meister erst deuten: es war kein Streit zwischen Natur und Lüge, sondern sie forderten das Recht, so

persönlich zu sein wie die Meister und ihren eigenen
Schein statt jenen fremden wollten sie malen. Per=
sönlich zu sein wurde jetzt die Losung. Die Welt
malen, nicht wie sie ist, sondern wie sie mir scheint,
eben jetzt scheint, in der ersten Begegnung mit den
Sinnen scheint, bevor noch der immer fälschende Ver=
stand sie wieder aus allerhand Erinnerungen „arran=
giert", und unbekümmert, wie sie den anderen scheinen
mag oder mir selber in der nächsten Minute scheinen
wird. Der Naturalismus war dem Impressionismus
gewichen.

Zuerst hatte es geheißen: Male, wie die alten
Meister malten. Empörer riefen: Male nicht, wie
die alten Meister malten. Man fragte: Wie sonst
soll man denn also malen? Da hieß es zunächst:
Male, wie die Welt ist. Aber es zeigte sich, daß das
nicht geht. Nun sagte man: Male, wie Dir die Welt
scheint. Natürlich reizte es jeden, daß ihm die Welt
ganz besonders scheinen sollte. Anders als die anderen
und recht persönlich zu sein wurde der Eifer. Die
Maler gingen in sich, lauschten in ihre Tiefen hinab,
haschten nach den raschesten Launen, und die versteckten
Schätze seiner Stille, seine ganz intime Vision der
Welt wollte jeder in die sinnlichen Dinge heben.
Da mußte es denn unvermeidlich kommen, daß man
sich endlich sagte: „Was thue ich denn da? Ich plage
mich schrecklich, einen Schober zu malen, nicht wie
er ist, auch nicht wie er mir scheint, sondern wie er
mir eben jetzt in dieser Minute scheint und in der
nächsten Minute nicht mehr und überhaupt nie mehr

scheinen wird. Was soll denn das schließlich? Warum will ich denn diesen Moment gerade so lüstern haschen? Um das Persönliche von mir an seiner Sache zu manifestieren. Ja wozu denn da erst so viele Geschichten? Brauche ich denn da erst den Schober? Gewiß kann er ein Mittel sein, meine Seele zu verrathen. Aber warum sie erst in ihn maskieren? Ich will ohne Schober gleich aus meiner Seele reden. Ich will nicht die Welt malen, wie sie ist oder mir scheint. Ich will gleich meine Seele malen. Ich will purpurne Bäume und unmögliche Körper malen, die nirgends auf der Erde, aber in meinen Gefühlen sind." Und so mußte der Impressionismus dem Symbolismus weichen. . . . .

Wer je die alte Malerei verläßt und zugiebt, daß auch anders gemalt werden darf, als die großen Meister malten, ist schon verloren. Er kann nicht mehr zurück. Er kann nicht plötzlich halten. Er kann sich in keiner Phase beruhigen, weil jede incomplet ist und schon wieder eine neue in sich trägt. So muß, wer nicht den Muth hat, gleich die scheuen Neuerungen der ersten Naturalisten zu verneinen, unaufhaltsam bis an das Ende mit, bis in den Symbolismus, bis zu diesem verrufenen Ludwig von Hofmann, wo erst die lange Entwicklung aus so vielen Wandlungen endlich wieder in das ewige Wesen der Kunst einkehrt.

Rothe Bäume.

(Zur Ausstellung der Secessionisten im Künstlerhause.)

Die Leute sagen mir: „Nein, schau'n Sie, das dürfen Sie nicht. Ludwig von Hofmann dürfen sie nicht loben. Er malt rothe Bäume und kein Mensch kennt sich aus. Alles hat doch seine Grenzen. Den reden sie uns doch nicht ein!" Und während sie geringe, verworrene und dumpfe Maler dulden, ja ehren, wird dieser so gewaltige, unbeschreiblich edle und vom stillen Wesen des Schönen strahlende Künstler getadelt, ja verspottet, weil er rothe Bäume malt. Man will gar nicht versuchen, sich seiner Weise zu nähern: die rothen Bäume genügen, ihn allen zu verdächtigen, zu verleiden.

Da möchte ich nun behaupten, wohl auch beweisen, daß man rothe Bäume malen darf, weil es weder gegen die Gesetze noch auch nur gegen die Sitten der Kunst, sondern erlaubt und üblich ist, und daß man heute rothe Bäume malen muß, wenn man den letzten Trieben der Entwicklung dienen und ungestüm lange gehegte Wünsche endlich befriedigen will.

Es wird bestritten, daß man rothe Bäume malen darf. Warum? Es kann nur zwei Verbote geben:

aus dem Wesen oder doch aus der Gewohnheit der Kunst. Es könnte sein, daß rothe Bäume gegen den Sinn, gegen ein unabänderliches und ewiges Gesetz der Kunst, und es könnte sein, daß sie doch gegen ihre Bräuche und Sitten sind. In jenem Falle wären sie sträflich, in diesem eine verwegene und bedenkliche Neuerung, die sich immerhin erst über ihr Recht ausweisen müßte.

Warum sollten nun rothe Bäume gegen das Wesen der Kunst sein? Welches Gesetz will sie verbieten? Warum sollten sie unkünstlerisch sein? Weil sie unwirklich sind, sagen die Leute; man darf nicht malen, was es nicht giebt. Sie meinen: was uns nicht die Sinne geben. Die wirklichen Bäume sind braun — also darf man Bäume anders als braun auch nicht malen. Das Künstlerische muß an das Wirkliche sich binden. Das heißt, man darf nicht malen, was nicht in der Empirie ist: diese wunderlichen Leute wollen der Kunst jetzt plötzlich verordnen, sich auf die Welt der Sinne zu beschränken, nichts aus sich zu schaffen, sondern den Schein der Dinge nur zu äffen und so dem Wirklichen allein in Einfalt zu gehorchen — sie wollen ihr plötzlich Naturalismus verordnen. Das ist komisch von ihnen, die sonst die Naturalisten nicht genug schmähen, verleumden, schelten konnten. Diese, die sich mit Fleiß zu Abschreibern der Natur begrabieren, dürfen so reden. Aber Künstler haben sich nie gescheut, den Stoff zu verändern, den die Sinne reichen, bis er ihrem Geist ein Träger und Diener wird; ja, es ist recht ihr Wesen und Amt, aus ihrer

Seele die Welt zu vermehren. Warum sollten sie es denn nur gerade mit rothen Bäumen nicht? Nicht, ob es draußen den Schein rother Bäume, sondern ob es in ihnen Gefühle giebt, die sich auf rothe Bäume deuten und nicht besser als in rothen Bäumen gestalten lassen, nicht vernehmlicher und nicht reiner, ist allein ihre Frage. Man betrachte doch Raphael oder Leonardo: immer sind da Dinge, die „es nicht giebt"; die Personen geberden sich mit einer Würde oder Liebe, die nicht von dieser Welt sind, in entlegenen, unwirklichen, aus der Gunst von Träumen nur geholten Linien; man denke an die Pyramiden der heiligen Familien; man denke an die wunderlichen Säcke von Felsen hinter der Gioconda; was „Composition" heißt, ist doch immer nur Entwirklichung der Natur, auf daß sie erst ihre Wahrheit unbehindert sagen können soll. Aber wenn es erlaubt ist, ihr dazu mit Formen zu helfen, die nicht in den Sinnen, sondern nur im Gefühl sind, wie könnte es verboten sein, zur Deutung des Lebens feinere und stillere oder auch mächtiger brausende Farben in die Welt zu setzen, als sie in ihrer unbeseelten Kraft zu geben hat? Sind denn die Farben der Classischen immer wirklich? Das Gold des Tizian oder die Bräune, die rothen Schatten der Bolognesen? „Wie kommt es," hat Ruskin gegen die Cinquecentisten gerufen, „daß das Licht nur auf die Mittelgruppe fällt und alles andere im Schatten läßt? Aus welchen Materialien besteht die Welt, daß diese Schatten alle von demselben Braun sind? Die Natur kennt das rothgoldige Licht und das warme blühende Fleisch nicht, das an den Bildern der Venezianer besticht. Die Cinquecentisten gaben Symphonien in braun, aber haben sie je grünes Gras, gelben Sand und blauen Himmel gemalt? Alle diese goldenen und silbernen Galerietöne sind nur angenehme Lügen." Der Naturalist durfte so reden. Der Naturalist, dem der Künstler nur ein redlicher Copist des Scheines ist, muß die rothen Bäume verweisen, wie jede Verseelung und Begeisterung der Dinge. Aber wer je einem Künstler das Recht gab, das Sinnliche zu formen, wer je einen Künstler unter den Geschenken der Sinne deutend wählen, manches nehmen, anderes geben, wer je einen Künstler „componieren" ließ, kann nicht leugnen, daß man rothe Bäume malen darf. Sie sind keine Neuerung noch Sünde. Sie sind in der Gewohnheit und im Wesen der Kunst.

Man darf rothe Bäume malen. Muß man sie malen? Es wäre immer noch möglich, daß sie zwar erlaubt, doch nur eine läßliche Laune, kein Gebot der Kunst von heute sind. Was will denn, wer rothe Bäume malt? Man kann malen, um den Schein von Dingen zu geben. Das ist es offenbar nicht, weil Bäume nicht roth scheinen. Dann kann man malen, um aus dem Scheine der Dinge ihr Wesen zu heben, ihren Samen schauen zu lassen. Das ist es auch nicht, weil Röthe Bäumen nicht wesentlich ist. Oder man kann endlich malen, um Seelisches sinnlich zu äußern, Gefühle in ihren dinglichen Aequivalenten, Wehmuth in einem grauen Esel oder Lust in einer jauchzenden und frenetischen Rose. Aber auch das ist es nicht, weil doch rothe Bäume im Sinnlichen nirgends sind. Sondern wenn man rothe Bäume malt, wird offenbar Seelisches in eine sinnliche Form gebracht, die sich schreiend gleich als unsinnlich und in sich hinfällig ankündigen, gegen die Sinne sträuben und zu Protesten gewaltsam sie reizen will, in eine geflissentlich den Erscheinungen anstößige Form. Es wird offenbar Seelisches gemalt, dem es um nichts mehr zu thun ist, als vernehmlich den Dingen seine Arroganz zu äußern, daß es anders, besser und allein sein will. Es wird der Dünkel einer Seele gemalt, die zu stolz ist, sich ins Sinnliche fangen zu lassen, und gerade nur so viel aus der Maske blinzeln, in die Welt schielen will, um diese nach sich lüstern zu machen, aber dann vor der Näherung ihrer Begierden gleich zu verhuschen. Die rothen Bäume sind Signale von einsamen, mit den Sinnen entzweiten und selbstherrlichen Seelen, die jene Welt von draußen neben dieser ewigen Fülle ihrer inneren elend, arm und dürftig fühlen und möchten, daß sie das beschämt gestehen und ihre Rancune spüren soll. Das ist das Gefühl, das sie gestalten, und weil es ein Gefühl ist, das die Kunst der letzten Stunde eben jetzt bestimmt, sind sie heute nicht nur erlaubt, sondern geboten: denn diese Kunst treibt es, aus den Sinnen zu laufen, die Gaben der Welt zu verachten und das Heimliche, Einsame der Seele zur Monarchie zu bringen, wie es gestern jene Kunst trieb, aus den Seelen zu laufen, die Stimmen der Gefühle zu verschweigen und alles unter die Tyrannei der Sinne zu bringen. Man denke, wie

die Literatur von den Zolaisten weg zu den Psycho=
logen, zum Mystischen, ins Schwärmen geht. Es ist
die Rache der Seelen an den Sinnen und welche
tieferen Schmähungen, Schändungen und Verge=
waltigungen der Sinne könnten die Seelen denn als
die rothen Bäume treffen? Wenn einst Seelen und
Sinne sich wieder versöhnen und dann die Kunst
wieder in das letzte Gemach tritt, wo alle Trennungen
fallen und die Gefühle in den Dingen sich selber küssen,
wird sie die rothen Bäume nicht mehr brauchen, die
nur Fackeln in ihrem Hofe draußen sind. Aber jetzt
sollen sie ihre große Gier leuchten lassen, den Stoff
unter den Geist zu zwingen.

Malerei.

(Walter Crane=Ausstellung im österreichischen Museum. XXIII. Jahresausstellung im Künstlerhaus.)

Den ganz großen Menschen gelingt es, aus sich die ganze Welt zu beleben, indem sie die Strahlen ihrer Seele in alle Dinge zur Erleuchtung senden. Sie verachten nichts mehr, sondern geben sich mit der gleichen Liebe an alles hin, ob es kühn und schimmernd oder gemein und fahl sei. Alles bedeutet ihnen das= selbe: es sind immer Buchstaben von der heiligen Schrift Gottes. Nichts ist ihnen unbelebt, nichts ist stumm; aus dem Kleinsten, jeder schüchternen Blüte, einer trüben Straße oder dem traurigen Blicke eines Hundes, redet zu ihnen die große Schönheit des Lebens. Im Einzelnen spüren sie das Ganze, spüren sie immer nur sich und was sie sehen, immer sehen sie nur Masken und Figuren der eigenen Seele. Das Leben ist ihnen eine leuchtende Wand, wo ihre Seele Schatten wirft. Daher ihre Ehrfurcht vor allen Dingen. Daher sind sie mit ihnen so höflich. Daher wird Shakespeare von allen Biographen stets „gentle" ge= nannt, der Milde, der nicht ungerecht sein kann. Diese ganz großen Menschen sehen hinter allen Dingen, auch den häßlichen und bösen, den heimlichen Jupiter, der in ihnen selber ist. Darum können sie nicht zürnen, sondern möchten am liebsten vor jedem Gänseblümchen knieen und das Lob des Lebens singen. Das ist nun eine Gefahr. Es droht ihnen die Verlockung, bei jedem Dinge zu verweilen, da in ihm die ganze Welt ist, nur noch anzuschauen und unthätig zu werden. Wie sollen sie sich da helfen? Sie sehen ein, daß man an vielem vorübergehen muß, ohne bei jedem immer seine Andacht vor dem ganzen Leben zu verrichten, weil man von zu mächtigen, zu tosenden Gefühlen sonst zerrissen würde, wie Aktäon von den Hunden. Man denke sich, daß jemand, über die Straße gehend, allen Trost und allen Jammer aller Menschen, alle Schönheit und alle Trauer aller Dinge fühlen würde, die er sieht. Wer wäre, wenn er so weich ist, dennoch hart genug, so leben zu können? Darum halten sie an sich, hüten ihr Gemüth und drängen, was sie jedem Dinge zu sagen hätten, in eine allgemeine, weite, schnelle Geberde, die die ganze Welt von ihnen grüßen soll. So winken sie den Dingen vertraulich zu, daß sie sie schon verstehen und ihre Bedeutung wissen, aber bei ihnen nicht weilen können, weil sie weiter müssen. Das ist der Sinn der Geste, die ganz große Menschen immer haben. In ihr resumieren sie ihre Seele, alle Offenbarungen der Gefühle, ihr Verhältnis zur Welt, drücken durch sie in jeder Minute beständig aus, was das Ganze ihres Lebens soll und will, und knüpfen so jedes einzelne Geschäft ans Allgemeine an, indem sie den täglichen Handlungen den ewigen Stempel des Schicksals geben. Dieses Amt hat die Geste der großen Menschen. Sie soll bei jeder einzelnen That an die Summe aller Thaten mahnen. Sie wacht, daß keine den allgemeinen Sinn verliert. Sie stellt die Verbindung der Formen mit dem Wesen her.

Die kleineren Menschen kommen zu keinem so deutlichen Verhältnisse mit dem Leben. Die Welt, was draußen ist, bleibt ihnen doch eigentlich immer fremd. Sie eignen es sich nicht an. Sie fühlen sich nur als gehorsame Organe einer unbewußten Kraft; es ist so dunkel in ihrer Seele, die nichts weiß, nur fühlt, und dieses Dunkel gerade lieben sie, weil doch in ihm allein ihr Wert ist, und es drängt sie, seinen Forderungen zu folgen. Sie fühlen, daß es nicht ihre Handlungen sind, die bedeuten, sondern daß hinter den Handlungen, in ihrer Tiefe, etwas die besseres steckt, ein geheimes Räthsel, das sie nicht fassen können. Das möchten sie äußern. Was sie sagen oder thun, es bleibt immer ein Rest und dieser Rest ist viel wichtiger und sie wissen ihn heiliger als jede Rede oder That und möchten ihn äußern. Das ist das Amt ihrer Gesten. Es sind nicht Gesten, das Wesen von Menschen zu resumieren, sondern sie wollen von diesen Menschen nur vernehmlich melden, daß in ihnen mehr ist, als sie thätig äußern können; das letzte Räthsel im Grunde dieser Menschen, das sie nicht offenbaren, kaum vermuthen dürfen, sollen ihre Gesten bezeichnen.

Die gewöhnlichen Leute, endlich, nehmen die Dinge

und das Leben ganz wörtlich. Sie ahnen nicht, daß sie etwa noch anders sind, als sie scheinen. Nichts drängt sie, sie zu deuten, auf sich zu beziehen, aus sich zu ordnen. So können sie weder jene resumierende noch diese Geste des Latenten haben. Aber sie fühlen doch, daß ihnen etwas fehlt, daß die Geste zum Leben gehört, daß, wer keine hat, doch so thun soll. So äffen sie die Gesten von anderen und drücken damit vage aus, was doch die Bestimmung des Menschen ist.

Der Wiener hat jetzt Gelegenheit, diese drei Gesten prüfend zu vergleichen. Er kann an einem ganz großen Künstler die Geste sehen, die das Wesen resumiert, daneben einen geringeren, freilich seltsamen, aber wirren Künstler, der gerade aus dem Dunklen und Vagen seiner Natur, mit dem er nicht fertig wird, die Geste holt, und endlich den Troß der gemeinen Macher, die immer nur äffen. Der ganz große Künstler ist Fernand Khnopff, der nun im Künstlerhause ein Pastell, „Memories", hat; der andere ist Walter Crane, im österreichischen Museum; und die äffenden Macher sind unsere guten Wiener, in die plötzlich der Teufel gefahren ist, nur um jeden Preis modern und recht secessionistisch zu thun.

Von Fernand Khnopff hat man hier noch nicht viel gesehen. Die Kenner wissen, daß er in der Münchener Pinakothek ein sehr schönes, unendlich trauriges Bild hat, in Brüssel lebt, dort und in der Londoner New Gallery, auch im Salon der Rosen= kreuzer fleißig ausstellt, ein Schüler der Praerafaeliten, aber doch ganz anders ist und etwa malt, was Maeterlinck dichtet: sehr geheime Wallungen der Seele. Das haben sie in den Zeitungen gelesen. Aber er ist doch wohl noch ein bischen mehr. Er ist der Maler der späten Schönheit, die weiß, daß sie sterben muß, weil sie zu rein, zu edel, unmenschlich geworden ist. Die letzten Eleganzen des Gemüthes am Abende der Cultur, wenn schon die Sonne sinkt, malt er. Er malt Menschen, die sich mit inniger Bewunderung über ihre Seele beugen, das Heilige in ihr betrachtend zu verehren nicht ermüden und sehr glücklich sind, daß sie in das Wunder des Lebens schauen dürfen, aber von einem Glücke, das selber fühlt, daß es nicht dauern kann. Er malt Menschen, die von allen Dingen die Schleier zogen, aber nun frieren sie und es drängt sie, zu weinen. Er malt Menschen, die heiter sind, weil sie wissen, daß alles gut ist, und nichts mehr wollen, aber diese Heiterkeit hat den Tod in sich. Sie verneigen sich noch einmal vor dem Leben, sehr graziös und sehr ritterlich, und loben es und staunen, wie gewaltig es ist. Aber sie können nichts mehr thun: ihre unendliche Anmut und der Geist von allen Dingen, der in ihnen ist, diese schwere Rüstung erdrückt sie. Der eigene Leib ist ihnen fremd; sie leben nur noch mit der Seele; und gleich werden sie fliegen: da grüßen sie die Erde noch einmal. Dieses letzte Grüßen von Menschen, die fühlen, daß sie zu gut, zu schön geworden sind, dieses unsäglich demüthige und so höfisch galante Grüßen der irdischen Dinge, die schon tief unten im Nebel verschwinden, ist die Geste, die sein Wesen resumiert, sein durch erkennende Güte dem Scheine entrücktes Wesen.

Walter Crane hat ein Werk, das jeder kennt. Jeder kennt das Serpentinballet der Alhambra, das durch ganz Europa ging. Es bringt seltsame Windungen, die er liebt, scheinbar griechisch, aber ohne diese Unschuld, sondern lüstern, beinahe pervers. So ist er immer, ob er Tapeten oder Fliesen, für Kinder oder Ballerinen malt. Immer hat er einen Hang, die Natur zu verkehren, eine Neigung zum Heraldischen oder wie man dieses Gewaltsame nennen will, das doch nichts ist als die Unzufriedenheit einer Seele, der die Rechnung mit dem Leben nicht stimmt. Die blassen Farben will er noch blasser, die grellen noch greller, die schlanken Formen noch schlanker, die kräftigen noch kräftiger haben, als das Leben sie geben kann. Die Accente der Natur genügen ihm nie. Er möchte, ganz wie Oscar Wilde, grüne Nelken. Den Suchenden wird er darum willkommen sein. Aber wer gefunden und seine Seele in Ordnung hat, wird ihn lieber meiden.

Die guten Wiener Maler sind sehr komisch, wie sie jetzt auf einmal gewaltsam modern thun. Rothe Bäume, lechzende Extasen, alle Alluren von Keller bis Hofmann äffen sie behende und glauben sich decadent, Symbolisten und neu. Sie irren. Die Geste macht nicht den Künstler. Sie sind ganz die Alten geblieben, unverbesserliche Copisten. Sie sind immer noch, was sie waren: geschickte Hände, denen nur leider der Kopf und das Herz fehlt.

Graphiſche Künſtler.

Einen Maler nach dem anderen ſehen wir jetzt mit Ungeduld nach der Nadel greifen und das Radieren, ſo lange verrufen, vom Künſtler gemieden, Dilettanten überlaſſen, kommt zu Ehren: denn die Nadel weiß jedem ſanften Drucke einer Stimmung, einer Laune geſchwinder und williger als der ſchwere, bedächtige und eigenſinnige Pinſel zu folgen; wie von ſelber und im Traume ſcheint durch ſie gleich die Seele der Künſtler, ihre ganze Seele mit allem Dufte der Minute, in die empfängliche Platte zu rinnen. Jeder Nuance ſchmiegt ſie ſich innig an, jeden Schatten hegt ſie treu, jede ſcheue Dämmerung, jeden halben Wink, jeden Staub und Schimmer der Gefühle nimmt ſie behutſam auf und, wenn man ihr gar noch mit Schaben, Schleifen und Polieren ein wenig hilft, läßt ſie das Leiſeſte ſelbſt aufs Zärtlichſte vernehmen. Köpping, dieſer große, ſo bewußte Meiſter, hat an ihr einmal die „faſt abſolute Abweſenheit jedes materiellen Widerſtandes" gerühmt, dieſe „Freiheit und Unmittelbarkeit der Realiſierung künſtleriſcher Gedanken, wie ſie kaum einem anderen Verfahren zuerkannt werden kann." Der Maler verbraucht ſeine beſte Kraft, um nur ſein

Instrument zu bewältigen, bis es sich ihm doch endlich störrisch ergiebt; der Rest erst kommt dann dem Werke zu. Die Nadel gehorcht flinker: sie unterschlägt nichts vom Künstler, verliert nichts auf dem Wege, nimmt nichts für sich weg, sondern was nur je sich in seinem Gemüthe regen mag, fängt sie gleich in ihre rapiden Striche auf. So verhält sich der Radierer zum Maler, wie sich zum Dramatiker der Lyriker verhält: er kann wie dieser unmittelbar vom Herzen reden, während jene erst Apparate mühsam bewegen müssen, und so kann er feinere, intimere Sachen sagen, ganz geheime, dünne, leicht verhuschende Sachen, und kann sie persönlicher und momentaner sagen, mit der Energie von unbelauschten Monologen. Der Strich spricht den Radierer so unbewußt und unbefangen aus wie der Gang den Schauspieler; er schlägt alle Falten seiner Natur auf. Sensitive, doch unkräftige Menschen, die, was die Stunde bringt, bewahren möchten, aber auf seine Dauer kein Vertrauen haben, werden darum gern die flinke Nadel nehmen und damit einer mehr lyrischen, an kleine Stimmungen verlorenen, unbeständigen Zeit, die weniger die Kunst als den Künstler sucht und Skizzen mehr als Werke liebt, willkommen sein. Es ist kein Zufall, daß sie, lange gemieden und verkannt, gerade jetzt zu Ehren kommt.

Man thut am besten, Radierungen etwa wie Briefe oder Memoiren zu behandeln, nicht so sehr als Werke der Kunst, sondern als Bekenntnisse der Künstler. Wer sie nicht um der Schönheit willen betrachtet, sondern vernehmen will, wie Menschen von heute fühlen, sich zum Leben stellen und mit den Dingen verhalten, wird ihre Indiscretionen Gemälden und Sculpturen vorziehen, die sich doch immer vom Persönlichen mehr ins Sachliche entfernen. Sie werden dem Kunstfreunde weniger bedeuten als für so einen historien de la Vie Morale in der Weise von Taine und Bourget.

Der Schwede Anders Zorn fällt durch den gewaltsamen Ungestüm seiner in Saus und Braus rabiaten Striche auf: sie sind wie Hiebe, mit einer unbeschreiblichen Furie geführt, wie Schüsse einer rauchenden Pistole, wie Blitze aus einer zornigen Wolke, und man glaubt die Dinge, die er bringt, immer von seiner Attaque noch beben zu sehen, so triefend und knirschend schleudert er sie hin. Er scheint ihnen wie ein Bandit aus dem Hinterhalte in den Nacken zu springen, um sie mit einem Satze niederzureißen und mitzuschleifen. Es hat nicht bald eine so tumultuarische und impetuose Manier gegeben; man muß bis auf Goya zurück, der ja auch seine Wuth wie Gewitter durch die Nabel krachen ließ. Sollen wir uns nun deswegen den schwedischen Maler, der übrigens mehr nach einem preußischen Husaren aussieht, als eine lodernde Natur von Leidenschaft denken, etwa von der romantischen Rasse der Delacroix und Wiertz? Ich vermuthe, daß es eher Angst als Kraft ist, was aus ihm schreit: er hat Angst, den Moment zu versäumen. Er ist seiner Stimmungen nicht sicher; er kann ihnen nicht gebieten. Es fehlt ihm offenbar an einem verläßlichen und beständigen

Gefühle der Welt. Nur in Momenten plötzlicher Extasen scheinen ihm zuweilen die Schleier von der Welt zu fallen. Aber gleich kommen trübe, stumme, untröstliche Stunden zurück, wo die Dinge ihm gar nichts sagen, alles wieder wüst und wirr wird, nichts mehr Sinn und Ordnung hat. So wird er in den Verzückungen die Furcht vor den Ermattungen nicht los: er spürt schon, wie es wieder schwindet und entrinnt, und dann wird wieder die Oede und die Finsternis um ihn sein. Da möchte er denn noch retten, was nur aus der verlöschenden Erleuchtung noch geschwind zu haschen ist, und darum fällt er alles mit dieser Hast und einer wahren Todesangst an.

Aehnlich scheint es mit Liebermann zu sein. Auch seine Werke sind der Natur nur verstohlen und gleichsam wider ihren Willen entrissen; auch ihm giebt sie sich nicht hin. Aber was jener mit Gewalt bezwingen, will er mehr furtiv eher erschleichen. Er lauscht und ahnt. Man bemerke, wie er die Dinge immer zu verwischen, zu verschwemmen sucht: entweder bläst der Wind oder die Leute laufen oder ein Guß von Licht stäubt. Weil er das Einzelne nicht gerecht zu spüren weiß, löst er es immer gleich ins Ganze, ins Vage auf. Er hat von den Dingen nur so einen fernen Rauch und seine Technik, die über den fetten Grund ein körniges Papier legt, um auf diesem mit breitem Stifte zu gleiten, sucht den Duft und Dunst von Musik. Wenn man seine Radierungen befragt, wie er sich denn wohl das Leben deuten mag, so wissen sie davon nur eine dumpfe, sich traurig ent=

fernende Melodie zu geben. An deutlichen, klaren und sicheren Gefühlen fehlt es auch ihm. Der Pariser Paul Helleu, ein Schüler von Whistler, seit zwei Jahren etwa berühmt, ja mit Watteau verglichen, ist nicht vage. Man kann nicht klarer fühlen. Er muß das Leben einmal sehr gespürt haben. Aber es ist ihm freilich davon nur eine Linie geblieben, eine einzige Linie, wie einem oft von einem schweren, bedeutenden Traume beim Erwachen nur ein Wort bleibt, ein einziges, seltsames, so fremdes, ja unsinniges und doch tief vertrautes, köstlich befreundetes Wort, das man nimmer vergessen kann. Das ist ihm die Linie junger, mondän ermüdeter, ein bischen anämischer Frauen, wenn sie sich leicht neigen oder beugen, vom Halse nach den Hüften hin, oder wenn sie schlaff liegen, den Arm entlang. Diese stellt er mit einer unbeschreiblich graziösen Lüsternheit so kosend und schwärmerisch dar, daß man mit ihm fühlt, wie theuer sie ihm sein muß. Am lieblichsten ist sie ihm in der „Cigarette" und den „Dessins de Watteau au Louvre" gelungen, die hier leider fehlen. Doch kann man sie auch an der „Dame vor einem Kamin" und der „Dame vor einem Spiegel" sehen. Er ist darin ganz Rococo. Dem Rococo war es wesentlich, den Sinn des Lebens an ganz kleinen und nichtigen Nebendingen zu spüren, an einer Biegung oder Rundung, an einer Frisur, an einer sehr scheuen, flirrenden Farbe, und sich damit zufrieden zu geben. Das gilt auch für Duez und Eugène Delatre.

Den Belgier Felicien Rops, der aber gern mit

seinen magyarischen Ahnen renommiert, hat man einen „Satanisten" genannt und er drückt in der That mit wilder Freude aus, daß die Welt ein Werk des Teufels ist, das den Menschen, der nach dem Guten schmachtet, nicht aus seinen Schlingen läßt; er drückt die Schmach und Schande des Irdischen aus, ganz im Sinne von Schopenhauer, indem er die Schönheit der reinen Intelligenz immer durch den einbrechenden Willen gestört zeigt. Immer sieht er den Menschen ringen, sich aus dem Sumpfe der schimpflichen Natur zu ziehen, die doch am Ende immer durch die Tücken ihrer Triebe wieder über seine frommen Wünsche Herr wird. Immer sieht er den Frieden der Vernunft durch jenen „beständigen, gelinden Wahnsinn" getrübt, den die Begierden im Menschen unterhalten. Er predigt Askese: wie glücklich könnten wir sein, wenn wir den verruchten Leib nicht hätten! Man versteht, daß Huysmans sagen durfte: avec une âme de Primitif à rebours, il a accompli l'oeuvre inverse de Memlinc. Gern stellt er dar, wie das Gebet sogar sündige Wallungen schänden. Auf seinem „Calvarienberge" kniet eine Magdalene vor dem Kreuze, aber der Herr, den sie anrufen will, wird für ihre wilden Sinne plötzlich zum Faun. In der „Versuchung des heiligen Antonius" grinst vom Crucifixe eine Dirne auf den Eremiten. In der „Incantation" lockt den meditativen Mönch ein infames, buhlerisch fletschendes Weib. Immer wird der Geist, wie er auch um Läuterung ringen mag, vom Thiere besudelt. Das ist immer sein Thema: er verflucht das Fleisch.

Aber er trägt das so milde, so rein, ja mit solcher Delicatesse vor, als ob er eher die Erde segnen möchte. Er giebt seinen grausigen, hämischen, sinistren Gedanken die hellste und edelste Form. Sein Strich darf classisch genannt werden; eine so stille, schlichte und unbefangene Würde hat er, die sanfte und lichte Gnade von Sonetten. Sie läßt die Wuth und Leidenschaft der Dinge, die sie einschließt, wie ausgeraucht und abgekühlt, eben als ein bloßes Schauspiel erscheinen und indem wir uns also vor dem wilden Inhalte fürchten, aber mit den heiteren Formen trösten, werden wir inne, wie elend der Mensch ist, wenn er begehrt, und wie selig er wird, wenn er nichts mehr will, sondern anschaut. Es wird uns zugerufen: „Lasset euch nicht vom Leben verlocken! Es lügt. Entsaget! Nur der ist weise, der die Dinge der Erde verachten gelernt hat. Tödtet das Fleisch ab, damit ihr mit reinem Geiste anschauen könnt!" Das drückt er aus. Es ist das katholische Gefühl der Welt, das er ausdrückt.

In denselbem Saale ist eine Vitrine mit fünfzehn Radierungen von James Mac Neil Whistler, die hauptsächlich Venetianisches darstellen, Paläste, Balcone, Gärten, Thore, Brücken, Gondeln. Robert von Montesquiou, der ihm zu zwei Bildnissen gesessen ist, hat einmal geschildert, wie Whistler malt. Die erste Skizze sei eine wahre ruée sur la toile, wie in Rausch und Fieber. Dann Sitzungen, unendliche Sitzungen, wo sich der Pinsel kaum einmal regt, um zögernd einen scheuen Strich zu versuchen, und Whistler schleicht mit starren Blicken um das Modell, dem beklommen und enge wird, als ob ihm der Athem genommen, das Leben weggesaugt, die Seele „ausgepumpt" würde. Es hat, wenn es endlich fort darf, das Gefühl, sich verloren und bei dem Maler gelassen zu haben. Das heißt: er fängt wie Zorn an, geht wie Helleu weiter und läßt es bei Rops noch immer nicht bewenden. Auch ihm ist das Ding zuerst fremd; er fällt es mit Gewalt an. Dann mag er eine Linie gewahren, die ihn etwas spüren läßt, weil sie mit einem Zuge seiner Seele correspondiert; sie wird mit Liebe verfolgt. Aber es genügt ihm nicht, wie Helleu, sie zu entnehmen und auf den Rest zu verzichten; er beruhigt sich bei ihr nicht. Er will von ihr aus ins Ganze bringen, er rastet nicht, bis er alles besitzt. Nun fühlt auch er jenen Zwist zwischen sich und der Welt, den alle Wollenden erfahren: er fühlt, daß die Dinge anders bleiben, als er sie will. Nur wendet er sich deswegen nicht von ihnen ab wie Rops, sondern er fügt sich ihnen; es gelingt ihm, ihr Organ und Medium zu werden. Er lehrt nicht: entsage der Welt, sondern er lehrt: entsage dir selbst; gieb dich der Welt so treu und innig hin, daß du aus dir fort in ihr Wesen eingehen darfst; werde dich selbst los, erweitere dich zum Ganzen! Man denkt an die Worte, die Goethe schrieb: „Ich dagegen hatte die Maxime ergriffen, mich so viel als möglich zu verleugnen und das Object so rein, als nur zu thun wäre, in mich aufzunehmen." Seit Velasquez ist Whistler der erste Maler, der das kann: die anderen helfen uns nur suchen, dieser große Heide hat gefunden.

Max Klinger.

Auf der Berliner akademischen Ausstellung von 1878, erzählt Muther, ärgerten sich die Leute über eine Folge von bizarren und, wie sie meinten, recht arroganten Zeichnungen, die ein Schüler von Gussow, kaum 21 Jahre alt, eingeschickt hatte. Sie stellten in einer für jene nüchterne Zeit unerhört phantastischen und ausschweifenden Art die Geschichte eines Handschuhs dar, den eine junge Dame verliert, ein Schwärmer findet und Träume nun hin und her durch allerhand bald schreckliche, bald holde Abenteuer schwenken. Man wurde sich nicht recht klar, was das Ganze eigentlich sollte, und fand es absurd. Die Kenner lobten freilich ein Blatt, das die Versunkenheit in eine bedrückende Vision mit Gewalt und nicht ohne eine seltsame Poesie ausdrückte. Dem Reste konnten jedoch auch sie, bei manchen Subtilitäten, nichts abgewinnen. In Summe, ein extravaganter und unreiner Künstler, der vielleicht nicht unbegabt, aber doch zu närrisch, um Achtung und Liebe zu verdienen. Das sprachen einige mit Zorn, andere gelinder aus und nur eine Stimme wurde für ihn laut, die von Th. Levin, der in der „Gegenwart" schrieb, man werde später einmal von der Berliner

Ausstellung 1878 sagen, in ihr habe Max Klinger zum ersten Mal ausgestellt.

Den Künstler focht das Gezeter nicht an. Der Menge abgeneigt, ungesellig und scheu, kaum wenigen Freunden sich spröde anvertrauend, am liebsten mit seiner Unruhe allein, fragte er nach niemandem. Sich selber wollte er genügen. Was in seiner Seele schwoll, wollte er formen. Dem ging er von Kunst zu Kunst, alle Techniken belauschend, bald der Malerei, bald der Sculptur, bald der Radierung zugewendet, unermüdlich sinnend nach und suchte und suchte. Mit sich selber wollte er ins Reine kommen; kein anderer Gedanke ist an ihn je herangetreten. Diese Unschuld seines Strebens, diese edle Haltung, dieses Leben in der Kunst darf man ihm nie vergessen.

Von Zeit zu Zeit schickte er aus Brüssel, Paris oder Rom ein neues Werk heim. Aber da war indes allerhand anders geworden: nach einem heftigen Anfalle von Naturalismus konnte man sich bald eine leise Enttäuschung, eine traurige Ernüchterung nicht verhehlen und man wurde inne, daß es doch nicht genügt, die Dinge zu copieren. Man wünschte, über die bloße Nachahmung der rohen Natur hinaus zu gehen. Wohin, wußte allerdings noch niemand; nur aus dem Naturalismus fort, wurde die Losung. Man schwelgte in einem Schwalle von dampfenden Reden: daß man wieder zum „Schönen" müsse, daß die Kunst das Leben deuten solle, daß es ihr Amt sei, die Menschen das Wesen der Welt anschauen zu lassen. Nur so vage, in gleich verrauchenden Worten, konnte man es sagen; desto inniger spürte man es. Man hatte kein Vertrauen mehr zum Verstande, vom Exacten wollte man weg, für die Phantasie war eine gute Zeit gekommen. Nun sah man nach einem Künstler aus, der diese Dünste von Hoffnungen und Wünschen fassen und gestalten möchte. Und erst ganz in der Stille, bald öffentlich regte sich der Glaube, Max Klinger oder keiner sei der Magier, die verzauberte Kunst zu wecken. Sein Name wurde auf die Fahne dieser neuen Renaissance geschrieben.

Man darf also vermuthen, aus seinen Werken Gelüste zu vernehmen, die der Zeit theuer sind, und sollte da manches mit Forderungen der Kunst nicht stimmen, so würde das wohl nicht ihm, sondern eben der Zeit zum Tadel gereichen.

Wenn man Radierungen von ihm betrachtet, wird man ängstlich: man fühlt sich von ihnen in eine große Unruhe gezogen. Es ist, als ob in der Ferne etwas winken würde und man möchte laufen, aber es wird doch zu weit sein und man verzagt. Seine Blätter keuchen. Das Hastige, leidenschaftlich Drängende unserer Existenz, die nicht verweilen, sondern an irgend ein Ende kommen will, wo es erst schön sein wird, das ungestüm Klopfende einer letzten Stunde drücken sie grandios aus. Sie könnten alle den Vers von Hölderlin, den auch der unselige Stauffer so liebte, zum Motto haben: „Doch uns ist gegeben, auf keiner Stätte zu ruh'n." Einer unsteten Zeit von bekümmert suchenden Menschen, die nirgends rasten dürfen, weil sie mit der Natur nicht in Ordnung sind, müssen sie gemäß sein. Aber sie sollte bedenken, daß der Künstler, jener im großen und ewigen Sinne der Meister, vielmehr von sich sagen kann: „Mir ist gegeben, an jeder Stätte zu ruhn", weil für ihn die ganze Welt ein Lustgarten seiner Seele und jedes Ding die Bank einer Stimmung, die Wiege einer Laune ist, und weil er eher jenen Himmlischen gleicht, von welchen es in derselben Hymne heißt:

> „Und die seligen Augen
> Blicken in stiller
> Ewiger Klarheit."

In dieser unruhig wogenden, gährenden, mehr musikalischen Weise trägt er nun Mischungen von Wahrheit und Laune vor, die befremden. Man hat sie träumerisch genannt, aber das Wort scheint mir hier nicht am Platze, weil Träume doch plastischer sind, während es ihm eigen ist, alles gleich ins bloß Gedachte entrinnen zu lassen. Wenn Träume uns erschrecken wollen, stellen sie etwas fürchterliches dar; er thut es, indem er etwas fürchterlich darstellt. In allen seinen Werken steht er selber immer dabei. Es gelingt ihm nicht zu verschwinden; man sieht immer seinen Finger demonstrieren. Eckermann, von den „Foscari" sprechend, hat einmal gesagt, man begreife kaum, „wie Byron im Innern dieses peinlichen Gegenstandes so lange leben konnte, um das Stück zu machen." Damit ist gut ausgedrückt, was Klinger zu fehlen scheint: er hat nie im Innern seiner Gegenstände gelebt; darum läßt er sie nicht zu ihrem

Rechte kommen. Es scheint vielmehr, daß er, in einer Stimmung befangen, nach dem nächsten Gegenstande greift, um ihn gewaltsam mit ihr überziehen; er nöthigt den Dingen oft ein Betragen auf, das ihrem Wesen ganz fremd ist. Wie Kinder sagen: dieser Stuhl bedeutet jetzt ein Pferd oder dieses Lineal bedeutet jetzt ein Scepter, so spielt er mit der Welt, indem er sie nach seiner Laune, nicht nach ihrer Natur behandelt. Er kommt nicht dazu, sie uninteressiert zu betrachten; er faßt alles immer persönlich an. Nun ja, sagen seine Freunde, das wollen wir ja gerade: das Leben soll doch „gedeutet" werden! Worauf zu entgegnen wäre, daß damit nicht gemeint sein kann, in die Dinge irgend einen vielleicht witzigen, aber fremden Sinn hineinzutragen, sondern gemeint sein muß, aus ihnen ihren Sinn herauszuholen, den die Natur in sie gelegt und nur ihre zufällige Existenz oft verwischt hat. Sonst ist ja der Phantast vom Künstler nicht mehr zu scheiden und jeder romantische Wahn könnte wieder bei dieser Thüre herein.

Wo er aus intimen, vom Wirklichen noch unbefleckten Stimmungen gleichsam nur mit sich selber redet, ja man könnte sagen: nur so vor sich hin pfeift, in solchen Monologen seiner Launen ist er herrlich. Die fünf Marabus in den „Rettungen ovidischer Opfer", die sich mit Würde porträtieren lassen, oder die Frau, die den verliebten Bären neckt, in den „Intermezzi" oder gar auf dem Blatte „An die Schönheit" der Jüngling, der über die Pracht der

Natur weinen muß vor Wonne, haben eine so süße, wie Schmetterlinge gaukelnde Grazie, daß man sie beinahe shakespearisch nennen möchte. Will er aber aus seinem Innern fort und tritt an die Welt heran, so scheint es eine geheime Angst seiner Kraft zu verwehren: sie fürchtet wenn sie sich hingeben würde, sich zu verlieren. Es gelingt ihm nie, zum Objectiven durchzubrechen; er bleibt immer in einer falschen Sentimentalität befangen. Wenn ein Hund zu malen ist, wird der Naturalist zufrieden sein, ihn so zu treffen, daß am Ende derselbe Hund noch in einem zweiten Exemplare ganz ebenso da ist. Der Künstler wird trachten, indem er fragt, was denn die Natur mit diesem Hunde eigentlich darzustellen vorhatte, sie durch ein deutlicheres Gelingen ihrer Pläne in seiner Hand zu beschämen. Aber Klinger wird, unbekümmert um die Absichten der Natur, mit jedem Hunde nur ausdrücken wollen, was er selber gerade fühlt. Und so möchte man ihm warnend das Wort von Goethe empfehlen: „Solange ein Dichter bloß seine wenigen subjectiven Empfindungen ausspricht, ist er noch keiner zu nennen, aber sobald er die Welt sich anzueignen und auszusprechen weiß, ist er ein Poet; und dann ist er unerschöpflich und kann immer neu sein, wogegen aber eine subjective Natur ihr bißchen Inneres bald ausgesprochen hat und zuletzt in Manier zugrunde geht."

Künstlerhaus.

(Zur vierundzwanzigsten Jahresausstellung.)

Endlich ist jetzt auch im Künstlerhaus geschehen, was seit ein paar Monaten überall bei uns geschieht: die Jugend siegt; nun hat auch dort die Wirtschaft der Alten ein Ende.

Dieser paar Monate, der Wende von 1895 auf 1896, wird man noch lange gedenken. Gern wird bei ihr später der Historiker unserer Cultur verweilen; ja, es mag wohl sein, daß sie unter die Daten kommt, die man in der Schule lernt: denn sie scheidet eine neue Zeit von der alten ab. Hier versinken plötzlich Gewalten, die nnüberwindlich schienen, andere Mächte dringen ein, der Triumph ist den neuen Leuten zugekommen. Drei junge Wiener Dramatiker, die man vorher höchstens so mitlaufen ließ, sind in dieser Zeit berühmt geworden; ja, der eine, bis zum letzten Herbst von Journalisten gern bewitzelt, hat mit seinem Stücke alle anderen Novitäten der deutschen Bühne geschlagen. Die Zeitungen beeilen sich, der Zeit zu folgen: Argumente, die gestern noch verrufen waren, werden geläufig, man nimmt die Meinungen der Jugend an, jeder möchte der erste sein, der das Herkommen, das gestern noch so heilige, verläßt. Am längsten haben die Maler gezögert, in der Genossenschaft schien jede Hoffnung verboten; kleinlaut hat man schon verzweifeln wollen. Nur langsam, ganz langsam ist die alte Ordnung doch ins Wanken gerathen. Die Secessionisten haben sich angemeldet, man hat Hörmann und Engelhardt nicht aufhalten können, nun herrscht die Jugend im Vorstand. So ist jetzt auch hier den Alten die Macht entsunken und in die tapferen Hände der neuen Leute gekommen. Man mag es ihnen gönnen, daß sie sich freuen. Doch sollen sie nicht vergessen, daß jetzt der große Ernst zu ihnen tritt. Nun sind sie keine liebenswürdrg kritisierenden Kronprinzen mehr; nun sollen sie zeigen, ob sie fähig sind, selbst die Macht zu verwalten. Wissen sie nichts anderes zu thun, als die Erbschaft der Alten anzutreten und in derselben Weise fortzuführen, geschieht in der Sache nichts, als daß bloß die Personen vertauscht sind, stellt es sich am Ende heraus, daß die alte Clique nur einer neuen Cliqne gewichen, dann wird bald ihr Glück verfallen. Sie sollen sich nicht schmeicheln, daß es schon gehen wird, wenigstens so lange, als es mit den Alten gegangen ist, und das war lange genug: sie haben es schwerer als jene, weil sie vom ersten Tage an unter der Controle ihrer eigenen Forderungen stehen werden. Sie dürfen sich nicht untreu werden. Es wird sich jetzt zeigen, ob der künstlerische Haß der Jugend gegen die Clique ehrlich gemeint oder, bei allem Lärm nichts weiter als ein Mittel war, um das Geschäft den Alten wegzunehmen und an sich zu bringen. Sind so starke, reine und freie Naturen unter ihnen, daß sie allen Verlockungen der Macht widerstehen und oben dieselben bleiben, die sie unten gewesen, dann erst wird jene Wendung von 1895 auf 1896 zur rechten Ehre kommen: dann wird sie ein Datum sein. Eroberer sind sie redlich gewesen, nun mögen sie als Herrscher walten.

Im Künstlerhaus ist die erste That der neuen Herren die vierundzwanzigste Jahresausstellung. Auch ihre Gegner werden sie loben müssen. Man konnte allerhand befürchten; sie haben es vermieden. Man konnte fürchten, daß sie der Versuchung erliegen würden, excessiv in der neuen Macht zu schwelgen; man konnte fürchten, daß sie sich als „Schule" fühlen würden; man konnte fürchten, daß Experimente sie verlocken würden. Es wäre kein Wunder gewesen, wenn diese erste Ausstellung der neuen Leute jede Rücksicht vergessen hätte. Sie haben lange genug gelitten, Jahre lang sind sie vergewaltigt worden, es konnte sie wohl reizen, es zu vergelten und sich zu rächen. Es konnte sie reizen, den Geschmack von gestern, der so hart und unversöhnlich mit ihnen gewesen, nun beflissentlich zu beleidigen und alle Spuren der Vergangenheiten nun gewaltsam auszutreten. Es konnte sie reizen, das Publikum zu verblüffen. Das alles wäre verzeihlich gewesen, aber freilich, es wäre sehr thöricht gewesen. Es ist ein Glück, daß sie die Kraft und Würde hatten, es zu vermeiden. Das schwerste haben sie verstanden: es sich nicht merken zu lassen, daß sie in der Herrschaft neu sind. Die größte Kunst neuer Mächte ist ihnen gelungen: in der Tradition zu bleiben. Sie fröhnen nicht der Lust, eine neue Welt von sich aus zu beginnen. Jene alten Händler, Tapezierer und Protzenmaler, die nur den liederlichen Instincten der reichen Leute dienen wollen, haben sie nicht aus dem Hause gejagt; sie haben sie nur ein wenig ins Dunkel gerückt. Wer durchaus die alte Ware will, kann sie finden, aber man drängt sie dem Kenner nicht auf. Gewaltsame Experimente, geniale Frechheiten fehlen. Keine Schule darf sich beklagen. Wenn man durch die Säle geht, alles wirken läßt und den gebietenden Gedanken sucht, wird man gewahr, daß sie sich nicht als neue Leute, sondern als Künstler zeigen wollten. Das ist dieser Ausstellung überall anzusehen. Nicht um eine Demonstration jugendlicher Versuche, nicht um die Glorie einer „Richtung" war es ihnen zu thun, sondern sie wollten gelassen und schlicht zum Ausdruck bringen, daß es hier die Kunst allein gilt, nicht das Geschäft. Die Ausstellung soll zeigen, was Künstler wollen und was sie können, dieser so, jener anders, jeder in seiner Weise. Was dann das Publicum dazu sagen wird, ist eine andere Sache; die Aussteller fragen nicht darnach. Keine Rücksicht auf den Verkauf, sondern allein die Freude an der Kunst sieht man in dieser Ausstellung walten. Sonst stand voran, was fähig schien, die größten Preise anzuziehen. Jetzt steht voran, was fähig scheint, die Kunst am besten zu fördern. Der Markt hat sonst alle Anordnungen dictiert. Jetzt ist es der rein malerische Gedanke, der allein alle Auffstellungen beherrscht. Man glaubt

jetzt in einem Atelier zu sein, nicht mehr in einem
Bazar.

Man fühlt das bei den ersten Schritten schon.
Die neuen Leute haben endlich der verruchten Leidenschaft entsagt, alle Wände von oben bis unten zu
bedecken. Wie Schinken in einem Kamin hing sonst
ein Bild neben dem anderen, schwarze und helle,
traurige und freche, Heilige oder Ballerinen, und
es schien der höchste Stolz der Kommissionen, sich
am Ende rühmen zu dürfen, daß kein Zoll der Wände
unbenützt geblieben. Ob ein Thema das andere schlug,
ob sich die Techniken noch so sehr stritten, so daß
keine Stimmung im Zuschauer gedeihen konnte, nach
allem diesem wurde nicht gefragt. An das Format
allein hielt man sich, nach der Größe der Rahmen
wurde gehängt, und wer sonst in die Ausstellung ein-
trat, hatte das Gefühl, als ob auf sechzig Clavieren
zugleich Meyerbeer, Wagner und Krakauer durchein-
ander gespielt würden. Nun ist man doch endlich
dem Beispiel der Secessionisten gefolgt und das Haus
soll nicht mehr einer Markthalle gleichen. Noch ist
das hier nicht völlig gelungen, die alten Praktiken
lassen sich noch da und dort merken, aber der gute
Wille wird doch vernehmlich, die Absicht ist offenbar
und wenn man nicht nachgiebt, nicht irre wird nnd
das Gesetz beschließt, um keinen Preis mehr als 150
Bilder aufzunehmen, so kann das nächste Jahr eine Ausstellung bringen, die sich wohl ein Muster nennen
dürfen wird. Es mag sein, daß es auch hier noch
an großen Werken bedrückender oder bezwingender

15*

Künstler fehlen wird; das haben die Aussteller nicht in der Hand. Aber redliche Schöpfungen treuer, nur der Schönheit ergebener, sonst unbekümmerter Naturen werden dort auf gestimmte und erhobene Zuschauer wirken. Solche Hoffnungen darf man hegen. Das ist im Künstlerhause lange nicht erlaubt gewesen. Man soll nicht vergessen, daß man es den jungen Leuten schuldet.

Da hier gerade von Malerei gesprochen wird, sei einer Geschichte gedacht, die vor ein paar Tagen in Christiana geschehen ist und dort die Maler aufgeregt hat. Dort besuchten nämlich der König Oscar und der Kronprinz die Kunstausstellung. Im Namen der Genossenschaft empfing sie der Maler Holmboe, um ihnen alles zu zeigen. Die modernen Sachen gefielen ihnen nicht, und sie sprachen das unverhohlen aus. Ja, vor einem Gemälde, eben des Holmboe, der sie begleitete, rief der Kronprinz: das ist ja schrecklich! Der König stimmte ihm bei und meinte, der Mann muß verrückt sein. Beide ahnten nicht, daß es der junge Maler war, der neben ihnen stand. Er brauste auf, die Adjutanten traten dazwischen, so wurde eine peinliche Scene vermieden. Abends hatten die Maler ein Bankett. Der Präsident der Genossenschaft brachte den ersten Toast aus, indem er ruhig sagte: „Wir wollen heute nicht, wie es sonst Sitte ist, auf den König trinken, sondern lieber auf unseren Freund, den großen Künstler Holmboe!" Und damit war es aus. Ich habe diese Geschichte nacherzählt, weil sie die nordischen Maler ehrt; solcher Muth, solcher Takt sind heute nicht häufig. Und dann regt sie etwas an, das früher oder später doch einmal ausgetragen werden muß. Sie regt die Frage an, ob es wünschenswert ist, daß Könige über künstlerische Dinge urtheilen. Sollen Monarchen in der Kunst mitreden? Gewiß dürfen sie es, weil es ja leider jeder darf. Das Recht, über Gedichte, Gesänge oder Gemälde unverständig nach seiner vagen Empfindnng zu reden, das sich jeder an der Casse mit seinem Billete kauft, wird man auch ihnen nicht nehmen können. Nur soll dann ihre Rede auch nicht mehr gelten, als eben jede Stimme aus der Menge gilt. Nur soll man nie vergessen, daß sie eben bloß Publikum sind. Kunstrichter können sie nicht werden, weil sie keine Kunstkenner sind. Das kann man auch unmöglich von ihnen verlangen. Wer in irgend einer Kunst, ja überhaupt in irgend einer Sache Kenner werden will, muß sie lange erst treu im innigen Gemüthe hegen; um das Wesen der Dinge muß man mit Gebuld und Demuth werben. Es liegt im Metier der Könige, daß sie das nicht können. Sie haben nie ordentlich Zeit. Sie sollen immer schon wieder etwas anderes thun. Sie hasten, laufen von einem zum anderen, dürfen nirgends mit rastender Seele verweilen. Man denke nur, was sie alles betreiben. Was sollen sie nicht alles wissen! Heute wird eine neue Oper gespielt, morgen rückt ein Regiment aus, nachher wird eine Büste enthüllt — und immer erwartet man von ihnen das Wort, das die Sache treffen soll. Es ist eigentlich schrecklich, wenn man recht bedenkt, was ihnen zugemuthet wird. Um sich nur überhaupt heil und anständig aus der Affaire zu ziehen, müssen sie ja wirklich schon sehr bedeutend sein. Aber sie sind doch selbst im besten Falle immer nur höchstens bedeutende Laien. So kann ihr Urtheil, auch wenn es zutrifft, den Künstler nicht fördern, und es kann, wenn es irrt, die Menge bethören. Darum wird es wohl das beste sein, wenn Monarchen in Angelegenheiten der Kunst die sie ja nichts angehen, sich nicht äußern, und man muß wünschen, der König Oscar möge künftig, wenn er wieder einmal in eine Ausstellung kommt, seine Meinung, die ja ohnedies so furchtbar gleichgiltig ist, lieber schön bei sich behalten.

Theodor von Hörmann.

(Zur Ausstellung der Werke aus seinem Nachlasse im Künstlerhaus.)

Vor ein paar Jahren, ich war noch allein und mußte mich selber bedienen, läutet es eines Tages bei mir. Ich gehe hinaus, sehe einen Officier vor der Thüre und öffne, neugierig, wen ich denn schon wieder beleidigt haben könnte. Aber der Hauptmann, vehement, mit einem bärtigen, strengen, fast drohenden

Gesichte, von unwirschen Gesten, tritt ein, schüttelt mir die Hände, mit Zorn unsere nicht mehr erträglichen Zustände schmähend, und indem er, immer noch ohne sich zu nennen, gewaltig durchs Zimmer schreitet, ungestüm fuchtelt und seine trübe Stimme nicht schont, beschwört er mich, nicht länger zu zaubern und mich an ihn und seine Freunde anzuschließen, die auf mich rechneten. Ich bin ein bischen verdutzt, weil ich mich auf Verdienste um das Militär nicht besinnen kann, und weiß nicht recht, was ich sagen soll. Indes schäumt seine brausende Rede immer fort und indem er unaufhaltsam peroriert, werde ich allmählich erst inne, daß er die Malerei zu meinen scheint. Am Ende läßt ein Wort über Znaim mich stutzen und ich errathe, was er mir zu sagen vergißt, daß er Theodor v. Hörmann ist, früher Militär, seit etwa sieben Jahren in Paris, der Bretagne und Znaim der Malerei ergeben, mir lange schon als ein Suchender interessant, ja durch das Redliche und Tapfere seiner Bilder lieb.

So war er immer: ein bischen confus, in der Welt fast wie ein alter Professor fremd, Laien oft komisch oder auch unheimlich, für seine Sache fanatisch, von einer brennenden, quälenden, schon beinahe sinnlichen Liebe zur Kunst, förmlich wie besessen von der Malerei. Wenn er bisweilen nach heftigen, verworrenen, ja wohl ungerecht hochtrabenden Worten auf seine Pläne, die Buchen, den Flieder, die Esparsetten, die er eben malte, zu reden kam, dann begann er vor Rührung zu flüstern und seine so energische, harte und gewaltsame Miene konnte dann zärtlich, milde und heiter sein, wie von einem strahlenden inneren Glücke verklärt; er glich dann einem Propheten. Aerger und Sorgen hat er genug leiden müssen; doch war seine reine Begeisterung nicht zu stören. In dem rauhen Manne ist ein Enthusiast gewesen. Wenn er gerade nicht malte, so sprach, stritt oder schrieb er doch stets über Malerei; wo er nur etwas zu lernen hoffen durfte, reiste er unstät herum, jetzt in Barbizon, jetzt in Dachau; wo er nur einen Kenner oder Liebhaber der Kunst vermuthen konnte, trafen Briefe von ihm ein, sechzehn, zwanzig Seiten lang, ganze Dissertationen, zürnend, flehend, befehlend. Mit Leib und Seele gehörte er der Malerei an. Für sie hat er gelebt, an ihr ist er gestorben; im Schnee malend hat er sich den Tod geholt.

Drei Freunde, die Maler Engelhardt, Krämer und Stöhr, stellen nun in zwei Sälen des Künstlerhauses seine Werke aus, zweihundertvierunddreißig Nummern stark. Was sie damit wollen, sagt Herr Stöhr in seiner Einleitung zu dem Kataloge. Sie ist herzlich und aus einer großen Gesinnung geschrieben und lehrt, daß es jetzt auch in der Malerei junge Wiener giebt, die auf dem rechten Wege sind. Der „Entwicklungsgang" des Künstlers soll durch diese Ausstellung dargelegt werden: „Nebst dilettantischen Versuchen wurden von Arbeiten der akademischen Zeit und späterer Jahre, die verschiedene Beeinflussungen zeigen, Stichproben aufgenommen. Die Zeit des Ringens nach eigenartiger Naturanschauung, wie es in den vorzüglichen Bildern und Studien aus Frankreich zum Ausdrucke kommt, wurde mehr berücksichtigt; der meiste Raum wurde aber den Arbeiten aus der Zeit der selbständigen Entwicklung gegeben, die in die letzten fünf Jahre nach der Rückkehr von Frankreich fällt.... Ein Stück Natur in seinem unmittelbarem Reize festzuhalten, wurde sein künstlerisches Programm. Er schritt an die Verwirklichung desselben mit Feuereifer, anfangs unbeholfen, unangenehm, hastend, dann bei größerer Reife spielend ungesucht und wahr. Als echter Künstler schaffend, durfte er nie an Technik denken, es galt ihm vielmehr trotz aller Technik das Gewollte, das Beabsichtigte, das Gesehene zum Ausdrucke zu bringen. Das spröde Material mußte lebendig werden und die stete Uebung machte es leichtflüssig. Der Freude am Malen, d. h. am Bemalen der Leinwand trat nun zurück und die Freude an der Wiedergabe der Natur, die Freude an der wahrhaften und treuen Wiedergabe der geliebten Natur riß den Künstler zur Bethätigung hin. Da ist die Bildfläche überwunden und, wie die Natur selbst, ist es die Tiefe, das Weite, das Geräumige, was wirkt, ist es das Wesen der Stimmung, das Ernste, das Glänzende, das Sonnige, das Schöne, was festgehalten werden soll. Das gesteigerte, erhöhte Sehen sucht nach einer gesteigerten, erhöhten Ausdrucksform und ein feinsinniger Impressionismus auf der Basis eines großen Könnens und einer gesunden Naturanschauung zeigt die Höhe seiner Kunst. Die Kraft der Farbe zu erfassen, die Logik des Lichtes zu ergründen, jenes bewußte Naturanschauen am Maßstabe einer Einheit, die in diesem Falle das Licht ist, das über alle Gegenstände webt und wirkt, das als Farbe aufleuchtet und in der Fülle der Farben den reizvollen Ton modelt, war das Ideal des künstlerischen Sehens, das Hörmann vorschwebte." Ein so sicherer Kunstverstand hat lange nicht aus einem Wiener Maler gesprochen. Die ersten Versuche von Hörmann sind aus dem Jahre 1869. Der junge Officier, der im Kriege von 1859 und bei Custozza gefochten hatte, fing in der Oede kleiner Garnisonen an, zum Zeitvertreib Illustrationen erst durchzupausen, dann mit freier Hand zu copieren. Bald reizte es ihn, selber zu zeichnen. Es genügte ihm nicht mehr, Vorbilder zu treffen; selber wollte er nun etwas machen, das sich sehen lassen könnte. In dem, was die Laien „hübsch" nennen, finden wir ihn zunächst befangen: gefällige Scenen mit angenehmen Farben ungefähr darzustellen, so daß nichts stört und die treue Hand bewundert werden muß. Dann wird er noch kühner und will auch seinen Witz, sein Gemüth beweisen, heitere oder traurige Novellen mit dem Pinsel erzählend. Freilich sollten sie immer „nach der Natur" erzählt sein: die Bäume oder Wiesen seiner Compositionen sollten immer der Natur entnommen sein. Doch merkte er schnell, daß sie, indem er sie aus der Skizze in das Bild trug, doch nicht mehr dieselben Bäume oder Wiesen waren. Es sah ganz gut aus, aber wie er gern sagte, „es überzeugte nicht." Es konnte wohl so sein, aber man fühlte nicht, das es so sein mußte. Es war irgend ein Baum, wie Bäume eben sind, ein möglicher, aber nicht gerade dieser bezwingend wirkliche Baum, den er meinte; irgend eine Buche, aber nicht gerade die dritte Buche an der Quelle im Walde links, wie er sie am soundsovielten um neun Uhr früh gesehen. Auf dem Wege von der Skizze zum Bilde ging allerhand verloren und gerade, was da verloren ging, wurde ihm jetzt theuer: das gerade, den Schimmer der Minute, wollte er haschen; den momentanen Schein der Natur, wie er jetzt und nie wieder ist, mit dem ganzen Dufte der ersten Empfindung, die eben schon wieder verdampft, drängte es ihn einzufangen. Das Beiläufige, der Menge Gefällige widerte ihn an. Was sie gar nicht sieht, suchte er auf. Den Thau der Dinge, das Verhuschende an ihrer Schönheit wollte er jetzt ergreifen. In einem curiosen, oft überschwenglichen, dann wieder rathlosen Hefte, das er „Künstlerempfindungen" nannte (Wien, bei Leopold Weiß, 1892), hat erzählt, daß es seine Lust war, abends, wenn es dunkelte, zu wandern und dann seinen braunen Stock senkrecht vor sich hinzuhalten, um so zu sehen, wie hell, wie farbig die Natur selbst in der Dämmerung wirkt: „Und diese Natur sollen wir nicht corrigieren oder transformieren, nicht abschwächen oder verstärken, weil das Unwahre unser Auge nie befriedigt. Nur, wer die Seele der verschiedenen Farbentöne in ihren gegenseitigen Werten: das Grün einer Wiese zum Ackerfelde, zum Weiß des Hauses zum Blau oder Grau der Luft, zum Baume, zur Planke, zum Stamme — wer das alles im Gedächtnisse, im Auge und sozusagen in der Haud hat, der kann auf dieser Basis ebenfalls in den gleichen Valeurs transformieren, nie aber darf er auf Kosten des Effectes unwahr werden. Ist eine menschliche Figur im dunklen oder hellen Zimmer, im Sonnenschein oder unter grünem Laubdache, am Tage oder am späten Abend nicht ganz verschieden? Viele bleiben eben auf ihrem alten Wege, weil sie zu bequem sind, die Augen zu öffnen. Daher kommt jener Kampf. Die einen malen eben, wie es bisher Sitte war und wie es uns durch Lehrer und frühere Bilder vermittelt wurde; die anderen malen, wie sie sehen." Diese Sätze nennen seine Bedeutung: er hat sich nicht an die Sitten der alten Malerei gekehrt, sondern sehen gelernt, um nach seinen Augen zu malen. Dafür redlich seine Kräfte ansetzend, bis er alle Launen der Farben, besonders des Grün, sozusagen in die Hand bekam und ihn die Natur frei mit sich schalten ließ, hat er aus ganz banalen Dingen: stillen Feldwegen, armen Gassen, traurigen Ecken der Znaimer und Netzer Gegend eine rührende Poesie geholt. Das wird man, wenn es doch noch mit der Zeit auch in Wiener Malerei tagen sollte, dem tapferen Manne nicht vergessen.

Aber wird es je tagen? Diese Frage hat ihn noch in seinen letzten Stunden bekümmert und gequält; sie lag schwer auf seinem treuen Herzen. Ich entsinne mich, daß er einmal zu mir kam und mich drängte, sogleich mit ihm zum Minister zu gehen, um der Regierung die Lage der Maler darzulegen. Kein Zweifel: wenn man oben ahnte, wie elend es mit ihnen steht, hätte man doch gewiß schon geholfen. Wir sollten dem Minister sagen, was andere Regierungen thun: einem französischen Schlachtenmaler hat die Behörde eine Escadron zugewiesen, die er dann, um recht zu beobachten, Tage lang manövrieren, bald angreifen, bald in wilder Flucht davonsprengen ließ; für das Pariser Rathhaus hat die Stadt um fünf Millionen Franken Aufträge an Künstler gegeben; und welche Summen werden dort jährlich zu Ankäufen für die Museen der Provinzen verwendet! Aber bei uns nimmt sich niemand der Maler an; wie soll da die Jugend gedeihen? Sie wird gezwungen, für den Markt zu schaffen, den Launen der Menge zu dienen, sich an die Händler zu verkaufen; wie kann sie da suchen und streben? Davon hängt alles ab, daß es gelinge, die jungen Leute in Sicherheit zu bringen, wo sie unbekümmert nach ihrer Bildung trachten dürfen. Dieser Gedanke wollte ihn bis an sein Ende nicht verlassen. Ihn nimmt jetzt seine Witwe, Frau Laura von Hörmann, hochsinnig auf, indem sie den Ertrag seines Nachlasses einer Stiftung „zur Förderung emporstrebender Künstler" widmet. Mögen sich die Wiener der edlen Frau würdig zeigen!

Victor Tilgner.
(Gestorben am 16. April 1896.)

Ob er denn aber auch groß sei, was man so wirklich groß nennt — in diese Frage pflegt am Ende jedes Gespräch über Victor Tilgner auszugehen. Sie ist nicht abzuwenden. Mit ihr haben sie ihn immer gequält, mit ihr haben sie ihn zum Höchsten angetrieben.

Sonst sind ja alle einig. Alle bekennen, daß er unser größter Bildhauer seit Rafael Donner gewesen ist und daß er nach Johann Strauß der wienerischeste Künstler unserer Zeit gewesen ist. Wienerisch war er durch und durch, mit seiner fidelen Miene eines Deutschmeisters, den treuen und so lustigen Augen, der bequemen, doch graziösen Haltung, der man die unschuldige Freude des herrlichen Menschen über sich selber ansah. Wienerisch war seine drastische und resolute Art zu sprechen, die mehr ein Malen, eigentlich ein Kneten in Worten war. Wienerisch hat er sein Leben geführt, gerne harmlosen Freunden sehr ernsthaft, ja bewegt beim Tarok zusehend oder, wenn der Sommer kam, die warmen Abende im Prater unter den großen Bäumen verplauschend. Wienerisch war es, wie er schuf. Darum mußte, was er schuf, so wienerisch werden. Nie hat er etwas zu „machen" getrachtet. Unbewußt ist das Schaffen über ihn gekommen; er konnte gar nicht anders; es ließ ihn nicht los, es mußte heraus, es gehörte zu seiner Natur. Er ist von seinen Werken überwältigt worden. Wie andere in gewissen Stimmungen oder Launen schnalzen oder pfeifen, so hat er geschaffen. Er war ein Künstler, wie schöne Frauen schön sind: es war gar kein Verdienst, nur eine Gnade. Er hat edle Werke verstreut, wie so eine Frau kostbare und unvergeßliche Blicke oder Geberden hergiebt: er wußte es wahrscheinlich gar nicht; wie er sich regte, waren sie da. Diesem haben wir es auch zu danken, daß seine Werke so wienerisch wurden; nichts Frembes hat sich jemals einmischen können. In seiner Hand scheinen alle guten Geister unserer lieben Stadt versammelt, alle frohen Kobolde unseres Wesens sind ihm zugeflogen, auf seinem Daumen sitzt die Wiener Art und wiegt sich und ruft. Diese Rufe hat er in den Lehm gebrückt. Davon schmecken seine Werke so nach dem süßen Geruch von Wien, unserer innigen Luft sind sie voll und was wir in der lässigen Anmut unserer Mädchen, in der gemüthlichen, zuthunlichen, wie im Dialect redenden Pracht der alten Paläste, in den beinahe antifen, aber doch feschen Posen unserer Fiaker spüren, diese ganze (man kann es nicht anders sagen) „schlamperte" Würde unserer Welt wird in ihnen laut. Das fühlen alle. Darum braucht man von seiner Kunst gar nichts zu verstehen, um ihn zu lieben, wie man nichts von Musik zu verstehen braucht, um Johann Strauß zu lieben; man braucht nur ein Wiener zu sein. So lange es Wiener giebt, werden diese beiden Namen theuer und in Ehren sein.

Das empfinden alle. Niemand wagt es abzustreiten. Auch seine Gegener stimmen zu. Kein Künstler ist seit Makart unserem Herzen näher gewesen; das können auch sie nicht leugnen. Aber ob er bei alledem denn auch groß, so eigentlich groß zu nennen sei, das ist die Frage, die sie unter die Bewunderungen rinnen lassen. Monumental, dieses Wort hat man sich angewöhnt ihm zu versagen. Er ist heiter, edel und zärtlich, er ist alles, was man nur will; aber monumental, heißt es, ist er nicht. Er hat Geist, Grazie, Witz: nur Größe soll er nicht haben. Das ist so oft vorgesagt worden und ist so leicht nachzusagen, daß es viele glauben, die immer froh sind, Künstler in definitive Sätze zu sperren.

Nehmen wir an, es wäre wahr, so würde ja Tilgner deswegen nicht kleiner. Wenn es gewiß ist, daß er die Wiener Art so rein ausgedrückt hat wie noch kein anderer in dieser Kunst, so kann es ihm schließlich gleich sein, ob das Werk dann auch groß heißt oder nicht. Alle fühlen, daß nichts fehlt. Alle betheuern, daß das Wiener Gemüth eine so vollkommene Aeußerung noch nicht gefunden hat. Ist sie dennoch nicht eigentlich groß zu nennen, nun, so muß es wohl selber schuld sein, nicht er. Mit uns selbst, nicht mit ihm hätten wir dann zur echten.

Er dürfte sich über uns beklagen, nicht wir über ihn. Mehr als wir sind, konnte er aus uns nicht machen. Man muß sich fragen, was denn diese Leute damit eigentlich meinten und wollten. Was hat sie angetrieben, ihn mit solchen Kränkungen zu quälen? Sie trugen es ihm nach, daß er mehr Büsten geschaffen hat als Monumente. Es sind dieselben Leute, die das Feuilleton und die Novelle nicht zu ehren wissen. Sie glauben, die Gattung mache den Künstler aus. Wo sie sich langweilen, fängt bei ihnen erst die Kunst an. Was sie noch mitfühlen, achten sie nicht. Was groß sein soll, muß auf sie so wirken, wie in der Schule das alte Große auf sie gewirkt hat: so fern, so stumm, so starr. Wie sie was leben, athmen fühlen, ist es nicht mehr classisch. Ganz weit weg und unnahbar muß das Große sein; so menschlich mit uns armen Teufeln selbst zu sprechen, ist doch seine Art nicht. So sehen sie auf alles unter uns Lebendige herab. Zu ihnen kommen nun noch jene leeren und unschwärmerischen Naturen, die nichts zum Leben haben als ihren Verstand. An dem Verstande messen sie alles; was sich von ihm nicht bezwingen läßt, wollen sie nicht; was nicht vorgerechnet und ausgewiesen werden kann, gilt bei ihnen nicht. In einer so gesunden, so prachtvoll instinctiven Rasse, wie wir eine sind, mögen sie bisweilen als Warner nützen; vor eitlen und nichtigen Wallungen werden sie uns behüten. Aber sie sind unfähig, das Wesen irgend einer Sache zu spüren. So haben sie sich denn auch einen höchst merkwürdigen Begriff von der

Größe gemacht. Größe kommt ihnen wie eine Farbe vor, mit der man etwas, wenn es fertig ist, nachher anstreichen kann. Das große Werk scheint ihnen aus zwei Stücken zu bestehen: erstens aus dem Werke und zweitens aus der Größe, die dann noch dazu addiert worden ist. Sie glauben, daß man von einem großen Werke die Größe gleichsam abziehen und aufheben kann, um sie, wenn man sie wieder brauchen wird, immer bei der Hand zu haben. So sehen diese Epigonen, die die Kunst unter den Verstand bringen wollen, den Werken der Vergangenheit irgend eine Linie, eine Haltung, eine Geberde ab, eignen sie sich unvergeßlich an und glauben nun die Größe selbst zu besitzen. Alle sind einig, daß dieses Werk groß ist; es ist deutlich, daß dieses Werk diesen Zug hat: wenn ich also anein em Werke diesen Zug sehe, ist es ein großes Werk, und wenn er fehlt, hat es eben keine Größe. So schließen diese Epigonen und müssen so zur Pose kommen. Was sie Größe nennen, ist nur Pose und die Pose ist es allein, die sie an Tilgner vermissen. Er hat sich niemals Alluren der Vergangenheit umgehängt. Das wollen sie ihm nicht verzeihen.

Aber von seinen edlen, hochherzigen und königlich schlichten Werken können sie lernen, was Größe ist. Ueberall hört man ja jetzt nach Größe rufen; es heißt, die Menschen seien der geringen Dinge müde; der Kleinheit wird das ganze Zeitalter angeklagt. Aber was ist denn Größe? Größe liegt nirgends aufgehäuft, so daß man hingehen und sich von ihr nehmen könnte. In allen Wesen steckt sie tief: kein Ding ist so arm, daß es nicht Größe hätte, aber man muß erst durch den momentanen Schein ins Innere gehen, dann sieht man sie aufleuchten. Jedes Ding, das vom Zufälligen gereinigt ist und nichts mehr als sich selbst enthält, ist groß. Das andere mag man auf tausend Sockel stellen, auf tausend Stelzen heben, es wird es niemals. Das ist wohl die beste That unserer Zeit, daß wir endlich wieder erkennen, was die Epigonen in ihrem Elend verloren hatten: Schönheit, Größe und Kraft liegen in allen Dingen, man muß nur die Schleier von ihnen ziehen, in ihre Ewigkeiten muß man schauen.

Diesen Blick ins Ewige hat Tilgner gehabt. Er hat die Dinge so tief, so innig angesehen, daß sie ihm ihr Wesen hergeben mußten. Wenn er sich näherte, wich alles Momentane, alles Zufällige entwich vor ihm. Ihm war gegeben, jeder Erscheinung gleich ins Innere zu schauen; von dort aus hat er sie in allen Momenten erblickt, die ihrem Wesen möglich sind: im schönsten und mächtigsten, der es am intensivsten äußert, hat er sie dann dargestellt. Jeder seiner Büsten könnte man immer auch einen unpersönlichen, idealen Namen geben, die Träumende, die Schelmische, die Gütige: so hat er jede zufällige Existenz immer gleich zu ihrer ewigen Bedeutung gebracht. Wenn er einen Bekannten von uns nachschuf, hatten wir das Gefühl, ihn nun erst so zu sehen, wie er ist; geahnt mochten wir es lange haben, glückliche Momente hatten uns seine Schönheit verheißen, aber nun erblickten wir sie zum ersten Male. Ein großes Erkennen geheimer Wahrheiten, das ist seine Kunst gewesen: er hatte die Gewalt, der Natur zur Schönheit nachzuhelfen und ihre edlen Absichten aus der Verborgenheit zu uns zu bringen.

www.ingramcontent.com/pod-product-compliance
Lightning Source LLC
Chambersburg PA
CBHW031732230426
43669CB00007B/327